KB174512

실무에 바로 쓰는 ——————

일잘러의

보고서

작성법

김마라 지음

Jpub
제이펍

실무에 바로 쓰는
일잘러의 보고서 작성법

1쇄 발행 2020년 11월 17일
8쇄 발행 2024년 5월 10일

지은이 김마라
펴낸이 장성두
펴낸곳 주식회사 제이펍

출판신고 2009년 11월 10일 제406-2009-000087호
주소 경기도 파주시 회동길 159 3층 / **전화** 070-8201-9010 / **팩스** 02-6280-0405
홈페이지 www.jpub.kr / **투고** submit@jpub.kr / **독자문의** help@jpub.kr / **교재문의** textbook@jpub.kr

소통기획부 김정준, 안수정, 박재인, 배인혜, 이상복, 송영화, 김은미, 권유라
소통지원부 민지환, 이승환, 김정미, 서세원 / **디자인부** 이민숙, 최병찬

기획 송찬수 / **진행 및 교정·교열** 강민철 / **내지디자인 및 편집** 다람쥐생활 / **표지디자인** 다람쥐생활
용지 에스에이치페이퍼 / **인쇄** 한승인쇄 / **제본** 일진제책사

ISBN 979-11-90665-62-9(13000)
책값은 뒤표지에 있습니다.

제이펍은 여러분의 아이디어와 원고를 기다리고 있습니다. 책으로 펴내고자 하는 아이디어나 원고가 있는 분께서는
책의 간단한 개요와 차례, 구성과 지은이/옮긴이 약력 등을 메일(submit@jpub.kr)로 보내주세요.

실무에 바로 쓰는

일잘러의
보고서
작성법

김마라 지음

한눈에 읽히는 기획서, 제안서, 이메일 빠르게 쓰기

Jpub
제이펍

1장 ▶ **형편없는 문서를 제출하던 신입이 어떻게 좋은 문서를 쓰게 되었을까**

회사에서 아무리 심혈을 기울여 문서를 작성하더라도 사람들은 내 글을
정독해 주지 않습니다. 문서 한 장에 단 한마디라도 상대가 눈에 담길 수
있어야 성공적인 문서가 됩니다.

2장 ▶ **빈 문서를 앞에 두고 머리를 싸매는 이유**

문서는 '글'이 아니라 '말'입니다. 문서의 제목이나 양식, 법칙에 구애받지
않고 상대에게 대화하는 것처럼 자연스럽게 커뮤니케이션을 하면 좋은
문서를 만들 수 있습니다.

3장 ▶ **문서 미션이 떨어졌다! 근데 뭐부터 시작하지?**

문서를 작성하기 전에 먼저 '내가 지금 누구(To)에게 무슨 말(Message)
를 하려고 하는 거지'라고 생각해야 합니다. 그리고 내 의견을 넣어 자연
스럽게 끝맺음할 수 있습니다.

4장 ▶ **문서에 넣을 구성 요소는 어떻게 정해야 할까?**

문서의 구성 요소란 정해진 양식이 아니라 내가 말하고자 하는 내용입니
다. 구성 요소를 확정하면 요소별로 핵심 메시지, 설명/근거, 시각 자료
를 담으세요.

5장 ▶ **매끄러운 문서의 순서는 어떻게 정하는 걸까?**

상대방에게 전할 메시지의 구성 요소를 문서에 담았다면 문서의 순서와
구조를 탄탄하게 하기 위해 첫 장으로 돌아가 반드시 혼잣말로 읽어보세
요. 이때 모든 수정이 이뤄집니다.

6장
빠르게 읽히는 문서 한 장의 비밀

빠르게 읽히는 글을 쓰려면 상대방이 내용을 이해하는 데까지 생각하는 단계가 적어야 하며, 문서에서 읽는 순서와 시선이 같이 흘러갈 수 있게 자료를 배치합니다.

7장
알고 보면 간단한 문서 디자인

문서 디자인은 메시지를 더 빠르고 확실하게 전달하는 수단입니다. 문서의 가독성을 높이려면 요소 간의 간격을 균일하게 확보하고 정렬을 맞추고 통일감을 지켜야 합니다.

8장
4가지 파워포인트 기능만 잘 써도 좋은 문서가 된다

안내선, 정렬 맞춤, 크기 조절, 행간 및 자간 조절 4가지 기능만 사용할 줄 알면 문서의 간격, 정렬, 통일감을 확보할 수 있습니다.

9장
색과 강조 하나에도 목적이 있다

색과 강조법을 정하고 사용하는 것 하나에도 핵심 메시지를 더 잘 읽히게 하려는 목적이 있어야 합니다. 문서의 통일감을 지키면서 색과 강조를 올바르게 사용하세요.

10장
실무에 즉시 활용하기

책에서 살펴본 문서 작성법과 디자인 방법을 실무에 그대로 적용하여 CS 응대 프로세스 변경 건과 결제 및 배송 프로세스 변경 건을 정리해 봅니다.

　어릴 땐 분명 공부를 열심히 해야 좋은 직장에 들어간다고 했는데, 막상 직장인이 되고 나면 아이러니하게도 '공부 머리'가 아니라 '일 머리'가 있어야 한다고 합니다. 다른 사람과 별반 다를 것 없어 보이는 내 문서가 대차게 까이고 나면 직장 생활의 자신감을 잃는 것은 물론 대체 그 '일 머리'란 게 뭔지 혼란스럽기 그지없죠.

　저는 운이 좋았습니다. 저 역시 상사에게서 보고서 작성 방법을 배우진 않았지만 '일 머리'를 굴리는 길은 인도해 주었기 때문이죠. 일 머리를 굴릴 줄 알게 되면 어떤 미션이 떨어져도 그다지 무섭지 않게 느껴집니다.

　그래서 이 책을 통해 제가 여러분의 사수 혹은 동료가 되고자 합니다. 보고서를 작성하는 법칙이나 정답이 아니라 회사에서 보고서 작성 미션을 받았을 때 어떤 일 머리를 굴려 스스로 작성해야 하는지, 그 길을 알려 드리려 합니다.

　이 책으로 인해 지금까지 문서에 대한 잘못된 생각에 사로잡혀 있었다는 것을 알고, 어떤 문서 미션도 전혀 어렵지 않게 해낼 수 있다는 자신감을 전할 수 있으면 합니다. 우리네 직장인 모두를 응원합니다.

　이 책을 시작하고 끝맺을 수 있도록 도움 주신 수많은 분들께 감사 인사를 드립니다.

김마라 드림

잘 읽히는
보고서를
빠르게 작성하는
노하우

💬 실무에서 필요한 문서 작성법

"팀장님이 마라님 문서를 주시면서 보고 배우래요."

"마라님이 쓴 문서는 딱 필요한 내용만 담고, 필요한 순서로 적혀 있던데요. 어떤 기준으로 쓰는 거예요?"

상사에게 칭찬받는 문서를 작성하게 되었을 즈음부터 회사 후배 직원이나 동료들에게 문서 작성법을 알려 달라는 요청을 받곤 했습니다.

"아이고! 제 문서가 무슨! 그냥 텍스트랑 네모, 세모, 동그라미밖에 없어요! 다들 쓰는 것처럼 쓰는 거예요~"

그럴 때마다 저는 손사래를 쳤죠. 딱히 제가 문서를 빼어나게 잘 쓴다고 생각해 본 적이 없었으니까요. 경력이 더해지며 노하우를 알려 달라는 요청은 더 잦아졌지만 그저 듣기 좋은 말 정도로만 여겼습니다.

정말 나만의 문서 작성 노하우란 게 따로 있는지 고민하게 된 우연한 계기가 있었죠. 월요일에는 전 회사 동료가, 화요일에는 이전 팀 후배가, 목요일에는 같은 팀 동료가 문서 작성 때문에 스트레스를 받는다며 약속이나 한 듯 진지하게 문서 작성 노하우를 알려 달라는 것입니다. 간혹 듣는 이야기이긴 했지만 한 주에 세 번이나 연달아서 요청을 받다니, 그것도 전혀 다른 그룹에게 말이죠. 내 방법이 그렇게나 다른 사람과 다른가 하는 의문이 들었습니다.

'내가… 문서를 어떻게 쓰더라?'

저도 여러분과 마찬가지로 회사에서 문서 작성법이라는 건 배운 적이 없습니다. 사회 초년생 때는 남들처럼 모니터 앞에서 막막함을 느끼고, 서툴게 작성한 문서에 대해 좋지 않은 피드백을 받기도 했어요. 그러면서도 게으른 탓인지, 욕심이 없던 탓인지 문서 쓰는 방법에 대한 책을 찾아보거나 강의를 들을 생각도 못했죠. 그저 실무에서 하나씩 깨달으면 다음 문서에 반영하고, 시행 착오를 반복하며 조금씩 학습할 뿐이었습니다.

그렇게 저는 세 번의 이직을 하고, 운영, 전략, 기획 등 수차례 부서를 옮겼습니다. 정해진 일을 반복하는 대신 매번 다른 프로젝트를 진행하다 보니 문서를 작성할 때 단 한 번도 같은 이야기를 쓰는 일 없이 매번 새로운 보고서, 기획서, 제안서 등을 써야 했죠. 10년차에 이르니 그간 받았던 좋았던 피드백, 나빴던 피드백이 모두 경험이 되어 저만의 뚜렷한 노하우가 생겼습니다.

제 노하우를 단 하나도 빠짐없이 여러분에게 공유하기 앞서 이 책에 대해 몇 가지 하고 싶은 이야기가 있습니다.

1. 3C, 5W1H, MECE 같은 생각의 기법을 다루지 않습니다

서점에서 볼 수 있는 보고서/기획서/문서 작성법 도서들은 대부분 3C, 5W1H, MECE와 같은 '생각의 기법'을 다룹니다. (3C란 고객(Customer), 경쟁사(Competitor), 자사(Company)를 분석하는 마케팅 기법이고, 5W1H는 누가(Who), 언제(When), 어디서

(Where), 무엇을(What), 왜(Why), 어떻게(How), 즉 육하원칙을 말하며, MECE는 상호 배제와 전체 포괄(Mutually Exclusive Collectively Exhaustive)을 뜻하며 항목이 서로 겹치지 않으면서 모든 항목을 다룬다는 사고방식입니다.) 새로운 상품을 기획하거나 신규 마케팅 전략을 마련해야 할 때, 백지 상태에서 아이디어를 꺼내 논리적이고 체계적으로 생각의 결과물을 도출해야 한다면 3C, 5W1H, MECE 같은 '생각의 기법'이 도움 될 수 있습니다. 하지만 실무에서 문서 작성 업무를 할 때는 이러한 기법을 적용하기가 쉽지 않죠. 우리가 실제 회사에서 받는 수많은 미션은 0에서 100까지 새로 만드는 창작이 아니라, 문서의 굵직한 내용은 이미 정해진 경우가 많기 때문입니다.

예를 들어 신제품 소개서를 써야 한다고 해 볼까요. 팀장님이 "신제품 소개서 정리해 주세요."라고 지시한다면 신제품에 대한 0부터 100까지의 스토리를 기획하라는 것이 아니라, '신제품의 핵심 강점으로 가성비를 강조해야 한다'는 굵직한 내용이 이미 정해져 있고 핵심 내용의 앞뒤를 잘 채워 본부장님과 대표님이 보시기에 좋은 매끄러운 문서를 쓰라는 뜻이죠.

이 책은 문서로 커뮤니케이션을 해야 하는 모든 직장인들에게 어떻게 하면 쉽고 잘 읽히는 문서를 빠르게 작성할 수 있는지에 대해 이야기합니다. 아이디어를 결과물로 발전시키는 '생각의 기법'이 아닌, 회사에서 회의나 상사를 통해 이미 결정된 내용을 문서로 담아야 하는 실무의 보고서, 기획서, 제안서와 같은 문서의 '작성의 기술'을 중점으로 전하고자 합니다.

2. 파워포인트 기능을 활용해 화려한 문서를 만드는 방법을 알려 드리지 않습니다

좋은 보고서, 문서라고 하면 자칫 시선을 사로잡는 '기깔나는' 슬라이드 디자인을 떠올리기도 합니다. 하지만 바쁘게 돌아가는 회사에서 그렇게 문서를 아름답게 꾸미고 있으면 기대했던 칭찬 대신 한가하냐고 혼쭐나기 십상이죠. 자기 역할이 디자이너가 아니라면 말입니다.

이 책에서는 애니메이션, 모션 그래픽과 같은 화려한 기술은커녕 파워포인트, 워드, 키노트, 심지어 메일에도 있는 기본적인 기능만 사용해서 실무에서 충분히 좋은 피드백을 받는 깔끔하고 가독성 있는 문서를 만드는 방법을 알려 드립니다. 문서를 어떻게 디자인하는가보다 왜 해야 하는지 이해하는 것이 중요하니까요.

3. 보고서 작성 세계 챔피언이 알려 드리는 정답지가 아닙니다

이런 말이 허탈하게 들릴 수 있겠습니다만 문서에는 정답이 없습니다. 이 책에서 알려 드릴 보고서 작성법은 문제집의 해설지나 선배로부터 전해 내려오는 만능 족보가 절대 아니에요.

모두가 다니는 회사가 다르고, 하는 일이 다르며, 매번 프로젝트가 바뀌고, 자기 팀이 처한 상황도 다르고, 팀장님의 성향조차 각기 다릅니다. 문서를 써야 하는 매 순간, 단 한 번도 빠지지 않고 모두 다른 상황에 놓이게 되죠.

그래서 동일한 미션으로 100명이 문서를 만들면 모두 다 다르게 만듭니다. 이전에 작성했던 문서와 똑같이 쓸 수도 없고, 남의 문서를 따라 쓸 수도 없습니다. 어지간한 강의를 듣거나 책을 읽어 봐도 우리 회사나 우리 팀에는 좀처럼 적용하기 어렵다는 생각이 드는 이유죠.

이 책에서는 정답이 아니라 실무에서 사용하고 있는 현업자의 '찐' 노하우를 전해 주려 합니다. 단지 여러분보다 회사에서 조금 더 오래 시간을 보내고, 조금 더 자주 문서를 만든 덕분에 좋은 피드백을 받는 문서 작성 노하우가 생긴 선배 혹은 동료 직장인의 노하우죠.

제 노하우를 듣고 나면 그동안 내가 왜, 어디서 막혔는지, 이럴 땐 어떻게 하면 좋을지 알게 될 겁니다. 막혔던 부분이 뚫리고 나면 거기서부터 본인만의 문서 스타일을 구축해 가야 해요. 정답을 얻는다기보단, '문서라는 게 생각보다 어려운 일이 아니었구나.' 하는 자신감을 가지게 될 겁니다.

10년을 다녀도 회사는 참 어렵습니다. 20년 넘게 다닌 선배들을 보면 앞으로도 쉬워질 것 같지 않아요. 하지만 회사에서 겪는 온갖 곤란 중에서 문서 작성이라는 한 가지 고민거리라도 해결할 수 있다면 평소보다 조금 더 가벼운 발걸음으로 출근할 수 있을 거예요.

⚠️ 현재 내 보고서는 어떤 모습인가요?

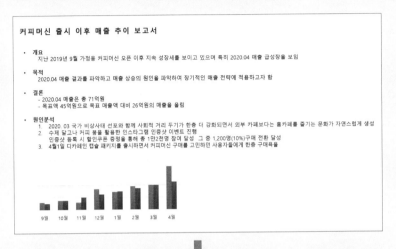

커피머신 출시 이후 매출 추이 보고서

- **개요**
  지난 2019년 9월 가정용 커피머신 오픈 이후 지속 성장세를 보이고 있으며 특히 2020.04 매출 급성장을 보임
- **목적**
  2020.04 매출 결과를 파악하고 매출 상승의 원인을 파악하여 장기적인 매출 전략에 적용하고자 함
- **결론**
  - 2020.04 매출은 총 71억원
  - 목표액 45억원으로 목표 매출액 대비 26억원의 매출을 올림
- **원인분석**
  1. 2020. 03 국가 비상사태 선포와 함께 사회적 거리 두기가 한층 더 강화되면서 외부 카페보다는 홈카페를 즐기는 문화가 자연스럽게 생성
  2. 수제 달고나 커피 붐을 활용한 인스타그램 인증샷 이벤트 진행
     인증샷 등록 시 할인쿠폰 증정을 통해 총 1만2천명 참여 달성 그 중 1,200명(10%)구매 전환 달성
  3. 4월1일 디카페인 캡슐 패키지를 출시하면서 커피머신 구매를 고민하던 사용자들에게 한층 구매욕을

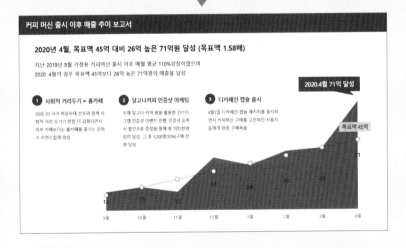

커피 머신 출시 이후 매출 추이 보고서

2020년 4월, 목표액 45억 대비 26억 높은 71억원 달성 (목표액 1.58배)

지난 2019년 9월 가정용 커피머신 출시 이후 매월 평균 110%성장하였으며
2020. 4월의 경우 목표액 45억보다 26억 높은 71억원의 매출을 달성

1 사회적 거리두기 ▶ 홈카페

2020. 03 국가 비상사태 선포와 함께 사회적 거리 두기가 한층 더 강화되면서 외부 카페보다는 홈카페를 즐기는 문화가 자연스럽게 생성

2 달고나커피 인증샷 마케팅

수제 달고나 커피 붐을 활용한 인스타그램 인증샷 이벤트 진행. 인증샷 등록 시 할인쿠폰 증정을 통해 총 1만2천명 참여 달성 그 중 1,200명(10%)구매 전환 달성

3 디카페인 캡슐 출시

4월1일 디카페인 캡슐 패키지를 출시하면서 커피머신 구매를 고민하던 사용자들에게 한층 구매욕을

2020.4월 71억 달성
목표액 45억

그동안 기획서, 제안서, 보고서별 양식과 법칙을 찾아 헤맸다면 문서의 양식과 법칙이 없다는 것을 알게 되고, 주어진 미션에 맞게 스스로 문서의 구성 요소와 순서를 정할 수 있게 됩니다. 어떤 미션에도 어려움 없이 보고서를 작성할 수 있게 될 거예요.

현재 내 문서 구조는 어떤 모습인가요?

디자인 제작물 신청 주체 변경

1. 배경

현장, BM, 상품관련 제작물을 내부 디자이너를 통해 제작 혹은 외주 제작 신청을 하고 있는 현행.

2. 문제원인

상품관련 제작물의 경우 반드시 외부 제작업체를 통해 제작하는데 MD는 내부디자이너를 통한 외주업체로 요청 혹은 피드백을 받아야 함.
이로 인해 일정 지연, 커뮤니케이션 오류는 물론 업무 비효율로 완성도 높은 제작물 도출이 어려운 상황

3. 해결방안

기프트팩이나 컵과 같은 상품관련 제작물의 경우 **내부디자이너**를 통한 외주 제작이 아닌 **MD**가 직접 제작업체 선정
하고 이후 제작과정의 커뮤니케이션을 모두 매니징 하기로 함

4. 기대효과

일정 지연, 커뮤니케이션 오류, 업무 비효율을 해소 기대

5. 반영일시

2월 1일

디자인 제작물 신청 주체 변경

1. 이슈 : 상품 제작물의 비효율 프로세스로 제작 이슈 및 업무 비효율 발생

c) 상품관련 제작물의 경우 MD가 내부디자이너를 통해 외주 업체와 커뮤니케이션하는 불필요한 과정으로 인해 제작 이슈 및 업무 비효율 발생

2. 변경 : 2월 1일부터 내부디자이너를 거치지 않고 MD가 직접 외주와 제작물 신청/관리

상품 제작물의 경우 내부 디자이너를 통하지 않고 MD가 직접 외주와 커뮤니케이션하여 빠르고 오해 없도록 제작될 수 있도록 함

타입	제작물 구분		요청	신청	제작
a)	현장	리플릿/ 이름표/ 안내 게시물 등	MD	내부 디자이너	내부 디자이너
b)	브랜딩	브랜드북 / 브랜드 봉투 등	마케팅	내부 디자이너	내부 디자이너
c)	상품	선물박스/ 거울 / 컵 등	MD	내부 디자이너 →	외부 제작업체

2월1일

그동안 개요/목적/배경/결론과 같은 제목 아래 내용만 채워 왔다면 최소한의 디자인으로 단숨에 문서 내용을 이해할 수 있는 가독성 있고 깔끔한 보고서를 만들게될 거예요.

⚠ 현재 내 메신저 보고는 어떤 모습인가요?

팀장님, 사내 직원 교육 세미나에 이슈가 있어 보고드립니다.

전 직원 수강 예정으로 300명 세미나실을 대관해 놓은 상태인데요. 갑작스런 영업팀의 사무실 이전 결정으로 영업팀 120명의 참석이 어렵다고 합니다.

그래서 두 가지 방법을 알아보았습니다. 그대로 300명 세미나실에서 진행하는 안과 300명 대관 장소를 캔슬하고 200명 세미나실로 재예약하는 안인데요.

그에 따른 장단점이 있습니다. 300명 대관 비용은 150만 원이고 200명 대관 비용은 80만 원인데 300명 대관을 오늘 캔슬하면 50만 원을 내야 한다고 해서…

 아 할 말이 뭐예요!!!

팀장님, 사내 직원 교육 세미나 관련하여 금액 의사결정이 필요한 건이 있습니다.

전 직원 대상 300명 세미나실 대관이 완료된 상태이나 영업팀의 사무실 이전으로 총 인원이 180명으로 변경되었습니다.

취소 수수료를 감안하더라도 200명실을 재대관하는 편이 20만 원 비용 절감되는데, 취소 후 재대관할까요?

 그래요, 그렇게 해요.

문서는 메신저와 같은 회사의 커뮤니케이션 도구일 뿐입니다. 우리가 직장 상사에게 커뮤니케이션 하나 제대로 못하고 있다면 앞으로의 직장 생활이 얼마나 힘들어질까요?

Memo

1장

형편없는 문서를
제출하던 신입이
어떻게 좋은 문서를
쓰게 되었을까

💬 이렇게 쓰면 아무도 안 봐요

"아… 거기에 그 내용이 있었어?"

사회 초년생 때 제가 쓴 보고서나 메일을 공유한 뒤 회사 사람들에게서 가장 많이 듣던 말입니다.

분명 아주 상세하게 설명하고, 순서에 맞게 내용을 구성하고, 필요한 내용을 모두 담았는데도 불구하고 회사 사람들은 내 보고서나 메일 내용을 좀처럼 알아주지 않았죠. 몇 번이나 검토해서 완벽하게 다듬고 난 뒤에야 전송 버튼을 눌렀는데…!

'아니, 왜 사람이 열심히 정리해서 보낸 문서를 대충 봐? 왜 메일을 안 읽어? 내가 영어로 썼어? 한글로 썼구먼!'

자리에 앉아 입을 삐쭉 내밀고 투덜거리며 문서를 대충 본 상사나 동료의 무성의를 탓했습니다.

그래도 그때는 형편없는 보고서나 메일이 별 문제가 되지 않았습니다. 1, 2년차 햇병아리 사원이 보내는 메일에는 크게 중요한 내용도 없고, 수신자는 늘 우리 팀이거나 이제는 친해져 버린 유관 부서 실무자 몇 명이 가끔 추가될 뿐이었으니까요. 문서 작성이라고 해 봐야 첨부 사진을 붙인 1~2장 분량의 글이 전부일 뿐, 문서로 누군가를 설득하고 보고해야 할 업무는 주어지지 않았습니다.

그렇게 2년을 채우고 3년차에 접어들면서 그룹 리더의 직속 스태프에 소속되었습니다. 직속 스태프는 그룹 리더가 하는 모든 역할을 보조하며 그룹 내 영업/운영 조직의 정책과 프로세스를 개선하거나, 신규 사업 런칭을 위한 전략, 운영, 기획 업무를 담당하는 역할이었습니다. 전과는 다르게 그룹 내 직원 수백 명에게 매주 혹은 매달 새로운 내용을 공지하거나 무언가를 설득할 업무가 점점 많아졌죠. 전에는 내 메일과 보고서를 정독해 주지 않는 상대방의 무성의를 탓하고 넘어가면 그만 이었지만, 이제는 이 중요한 정책을 잘 공유해서 쉽게 인지시키는 일도 내 역할이 되어 버린 겁니다. 높은 분들에게 승인받거나 결과를 보고할 일도 많아져 긴 문서도 자주 만들어야 했습니다.

하지만 어떤 회사에서도 아이에게 숫자 세는 법을 알려 주듯 상세하고 다정하게 보고서 작성 방법을 알려 주지 않죠. 더 이상 1, 2년차 신입 사원이 아니기에 이 정도 미션은 스스로 해 내야 하지만 해 본 적이 없으니 대체 어떻게 시작해야 하는 것인지 막막했습니다. 그저 모니터 앞에 앉아 파워포인트에 몇 글자 적고 지우기를 반복할 뿐이었죠. 인터넷에 검색도 해 봤지만 딱히 쓸 만한 예시가 나오지 않았습니다. 결국 상사의 문서를 몇 장 열어 보고는 괜찮아 보이는 부분을 따라 해서 비슷하게 구색을 맞춰 보았습니다. 그렇게 눈치껏 작성한 문서는 나름대로 기승전결을 갖췄고, 필요한 파일도 빠뜨리지 않고 메일에 첨부했죠.

'음, 이 정도면 괜찮은 것 같아! 전송!'

결과는? 마치 새로 오픈한 음식점 홍보 전단지를 길거리에서 뿌리는 것 같았습니다. 제 갈 길 바쁜 사람들은 무심하게 지나칠 뿐이었고, 간혹 제 문서를 받아 주는 사람들도 내용을 슥 훑고는 휴지통에 버리고 말았죠. 결국 리더에게 호출을 받았습니다.

"마라님… 이렇게 쓰면 아무도 안 봐요. 파일도 이렇게 첨부만 하면 아무도 다운 안 받고요. 다운 받더라도 이거 보고 이해가 되겠어요? 사람들을 유치원생이라고 생각해 보세요. 유치원생이 이렇게 차곡차곡 정리된 문서를 읽을 수 있을 것 같아요? 알림장에 정말 크게 '색종이 가져오기'라고 써야 가져올까 말까예요. 이렇게 정리된 내용을 다 안 읽더라도 '너! 이거 하라고!'라는 내용만이라도 보이게 해 줘야죠."

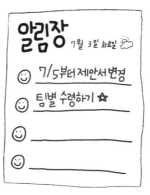

▲ "사람들을 유치원생이라고 생각해야 돼요. 알림장에 엄청 크게 써도 할까 말까예요."

이미 직장은 다니고 있다면 알 수도 있겠지만, 직장인에게는 한 가지 특징이 있습니다. 모든 직장인들은 너무 바쁘고, 너무나도 게으르다는 것이죠. 직장인들은 회사 문서가 당장 관심을 유발하지 않거나 글에서 자신에게 무언가를 해 달라는 직접적인 요청이 한눈에 보이지 않는다면 3초 만에 집중력을 잃고 맙니다. '나중에 필요하면 다시 읽어야지.'라고 생각하고 닫아 버리죠. 그렇지 않으면 턱을 손에 괴고 무심한 얼굴로 오른쪽 방향 키를 툭툭 누르다 마지막 장에 도착해 '별 내용 없네.' 하고 닫아 버려요.

결국 내 문서를 정독하는 사람은 나뿐입니다. 기승전결이 기가 막히고 한 문장, 한 단어에 심혈을 기울여서 다 읽고 나면 고개가 절로 끄덕여지는 문서가 있다고 하더라도, 사람들은 레스토랑 메뉴판은 정독할지언정 내 문서를 절대 한 글자, 한 글자 정독해 주지 않습니다. 그렇다면 어떻게 해야 이 바쁘고 게으른 직장인들이 내 문서를 읽게 할 수 있을까요?

"자세한 건 몰라도 되고. 이것만 알면 돼. 이것만!"

이렇게 어르고 달래며 집중력을 잃기 전인 3초 안에 내용을 캐치할 수 있도록 하는 수밖에 없습니다. 문서 한 장에 단 한마디씩이라도 상대의 눈에 담길 수만 있다면 정말 성공적인 문서가 되는 거죠.

"일을 잘한다."라는 말은 자기 자신으로부터 나오는 말이 아닙니다. "나는 일 처리 빠르고, 문서 구조화도 스스로 할 줄 알고, 개발자와의 커뮤니케이션도 늘 원활하지. 나 일 잘해."가 아니라 "그 사람, 일 잘하는 사람이에요."라고 상대방으로부터 평가받아야만 가질 수 있는 말이죠.

함께 일하는 상대에게 일을 잘한다는 평가를 받으려면 상대의 시간을 아껴 줘야 합니다. 문서의 모든 단어, 모든 문장을 정독해야 하는 수고를 들이지 않아도 문서를 이해할 수 있도록 상대의 시간을 단축시켜 준다면 "저 사람과 일을 하면 뭔가 착착 진행이 되네?"라는 평을 만들게 되죠.

온라인 쇼핑을 한다고 생각해 볼까요?

온라인 쇼핑몰 사이트에서 '이 제품은 정품보다 작은 사이즈의 여름 한정 상품입니다. 구매 시 사이즈를 반드시 확인하시기 바랍니다.'라는 문구를 강조해 적어 놔도 정품보다 작은 사이즈인 줄 몰랐다는 CS가 쏟아집니다. 아이러니하게도 한글을 가장 읽지 않는 사람은 한국인일지도 모르겠습니다.

게다가 '자세한 사이즈 안내는 아래 파일 다운로드 시 확인 가능합니다.'라고 적혀 있다면? 물건을 사는 사람이 10명이라 할 때 이 파일을 다운로드하는 사람은 3명쯤이고, 다운로드한 파일은 자세히 읽을 사람은 1명일 겁니다. 사람들은 한눈에 이해되지 않는 내용을 읽으려고 자신의 수고를 들이기를 끔찍이도 싫어하죠. 그러고는 기대와 다른 물건이 도착하고 나면 '설명을 잘 적어 두지 않은' 쇼핑몰을 원망합니다.

뜨끔. 쇼핑할 때의 내 모습 같지 않나요? 직장에서도 마찬가지입니다. 메일이나 문서를 읽을 때 내 수고를 들이지 않고 한눈에 쏙쏙 내용이 파악되었으면 하죠. 그렇지 않으면 가독성 있게 전달하지 못한 상대를 탓하게 됩니다.

💬 과유불급, 문서에서도 통합니다

"유치원생이 보더라도 뭘 하라는지 알게끔 써 봐."라는 리더의 한마디는 저에게 있어 문서를 제대로 쓰기 시작한 계기가 되었습니다. 그 한마디를 바탕으로, 상세하고 면밀한 설명이 담긴 문서가 아니라 '진짜 바쁘죠? 다 몰라도 되고 그냥 이것만 알아 두시면 됩니다!'라고 상대방에게 전하는 말만 크게 써 보자 생각했죠.

한번은 그룹 내 디자인팀 작업량 포화의 원인을 파악하고 대응안을 마련하는 과제를 맡았습니다. 주요 원인은 영업팀에서 완성된 결과물에 대해 기간과 횟수 제한 없이 수정 요청을 하는 탓에 디자인 작업량이 많아진 것으로 확인되었죠. 근거가 될 수 있는 자료를 준비하고 수정 요청 횟수와 기간을 제한하는 정책을 마련했습니다.

아무래도 영업팀에게는 제한이 되는 사항이기에 정책을 확정하기 전 영업팀 리더의 확인이 필요했습니다. '디자인 수정 정책 변경안'이라는 제목의 문서를 담아 영업 본부장님에게 메일을 보냈습니다. 첨부된 문서의 핵심 내용을 캡처해 메일 본문에서도 볼 수 있도록 했죠. 그렇게 하니 외근 중 핸드폰으로 슥~ 메일을 본 영업 본부장님으로부터 "택시 안이라 자세히는 못 읽었는데, 디자인 수정 요청이 너무 많아 일주일 내 2회로 제한한다는 말이잖아요? 그렇게 해 주세요."라는 빠르고 속시원한 답변으로 돌아왔습니다.

'오호? 이렇게 전하니까 반응이 빨리 오네?'

답답하고 막막했던 일 하나가 풀렸다고 생각하니 그다음부터는 문서나 메일 쓰기가 즐겁게 느껴지기까지 했습니다. 미션에 따라 전달해야 할 내용의 길이도, 뉘앙스도, 강조 방법도 달라져야 했기 때문에 매번 이것저것 테스트해 볼 수도 있겠다는 생각이 들었죠.

하지만 거기서 멈췄어야 했습니다. 상사의 피드백 없이 통과되는 문서를 작성할 수 있다는 자신감이 생기고 나니 문서에 멋을 부리기 시작했습니다. 인터넷에서 본 PPT 템플릿처럼 이미지로 정보를 전달하는 인포그래픽이 가득한 화려하고 멋들어진 문서를 만들어 내고 싶어졌죠.

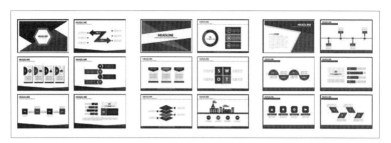

▲ 화려한 템플릿과 시선을 사로잡는 인포그래픽

　어느날 각 그룹 리더들이 대표님에게 그룹별 소비자 행태를 보고해야 하는 미션이 떨어졌습니다. 소비자 FGI(Focus Group Interview) 도 진행하고 소비자 구매 데이터를 바탕으로 패턴 분석을 완료했습니다. 문서 초안을 작성하기로 한 저는 대표 보고이니만큼 '기깔나는' 문서를 만들어야 한다고 생각했죠.

　인터넷을 검색해 몇 가지 예시 이미지를 띄워 놓고 마치 미대생이 캔버스 위에 그려진 그림을 살피듯 모니터를 훑으며 공들여 작품을 만들었습니다. 그리고 초안을 완성해 리더에게 공유했습니다. "우아" 하는 탄성부터 나올 거라 기대했지만 리더는 미간을 잔뜩 찌푸리더니 "고생했어요. 가 봐요."라는 말만 하고 돌려 보냈습니다. 그리고 며칠 뒤 대표님에게 보고될 때 그 문서는 하얀 종이에 글자만 남고 초안에 넣었던 아이콘, 그림, 슬라이드 효과는 싹 사라진 채 발표되고 있었죠. 초등학교 불조심 포스터 그리기 대회에서 상 좀 받았던 그 시절 미적 감각을 끌어 올려 만든 내 문서와 비교하니 하얀 바탕에 글자만 남은 리더의 문서는 너무나도 깔끔하고 보기 좋았습니다.

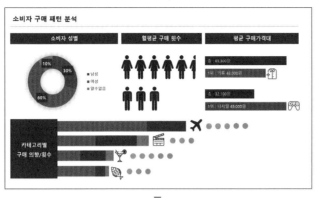

소비자 구매 패턴 분석

월 평균 방문 횟수

여성 5.5회   남성 3.1회

월평균 65,300원 소비   월평균 32,100원 소비

소비자 구매 패턴 분석

카테고리별 구매 의향 횟수/가격

1. 여행 2회 : 15만
2. 영화 2회 : 7만
3. 음식 1회 : 5만
4. 주류 3회 : 3만

1. 여행 2회 : 6만
2. 주류 2회 : 3만
3. 영화 1회 : 3만
4. 음식 2회 : 1만

 당시 문서를 비슷하게 재현한 예시입니다.

"아…"

발표되는 문서를 보는 순간 머리를 크게 맞은 듯했습니다. 눈을 사로잡는 문서를 만들어 내는 데 급급해 진짜 중요한 것을 모두 가려 버렸던 거죠. 마치 온 집안을 엉망으로 해 놓고선 칭찬과 간식을 기대하는 강아지의 표정으로 문서를 제출했으니, 어디부터 가르쳐야 할지 갑갑해서 리더 본인이 직접 갈아엎으셨구나 싶어 얼굴이 화끈거렸습니다.

문서의 역할은 결국 메시지를 전달하기 위함이고, 그 메시지만 확실히 전달해도 좋은 문서가 됩니다. 그런데 어리석게도 '있어 보이는 문서'를 만들기 위해 도리어 시선을 흩뜨리는 문서를 만든 것이죠.

💬 문서의 역할과 목적부터 생각하세요

10년차라는 경력이 누군가에게는 어마어마한 숫자이고 누군가에겐 아직 주니어로 보이는 기간일 겁니다. 10년이라는 기간 동안 초반에는 다른 사람처럼 문서 작성의 시행착오도 겪었지만 이후 거쳐 온 모든 회사, 모든 부서의 리더에게 문서 작성으로 업무 능력을 높이 평가받을 수 있었던 데는 분명한 이유가 하나 있었습니다.

파워포인트나 워드의 기능, 기획서의 필수 구성 요소, 보고서의 올바른 순서, 문서를 작성할 때 지켜야 할 원칙 등… 흔히들 생각하는 이런 것들이 아닙니다. 그저 문서가 하는 진짜 역할, 그리고 그 문서를 작성하는 목적을 잘 알았기 때문이죠. 즉, 보고서라는 것이 무슨 역할을 해야 하는지, 보고서에서 무엇이 중요한지만 잘 이해하면 그다음을 써 내려가기는 아주 쉬워집니다.

뻔한 이야기를 하는 것 같은가요? 만약 절대 무너지지 않는 튼튼한 건축물의 뼈대를 설계하는 방법을 알고 있다면 나무집이든 벽돌집이든 어떤 집을 만들어 달라는 요청도 어렵지 않을 겁니다. 마찬가지로 문서가 하는 역할과 이 문서로 달성해야 할 목적을 내 머릿속에 분명히 잡아두면 미션이 어떻게 달라져도 어렵지 않게 좋은 결과물을 낼 수 있어요.

우리는 앞으로 문서의 목적과 역할을 이해하며 작성하는 방법을 배우게 될 겁니다. 이 책에서 전할 노하우를 모두 습득하고 나면 실무에서 다음과 같은 작은 변화를 느낄 거예요.

1 문서에는 정해진 양식과 법칙이 없다는 것을 알게 됩니다.

2 미션에 따라 스스로 문서의 구성 요소를 정할 수 있게 됩니다.

3 읽기 좋은 매끄러운 순서로 만드는 동시에 더 탄탄한 구조로 쉽고 빠르게 만들 수 있게 됩니다.

4 무엇보다 어떠한 문서 미션에도 막막한 마음 없이 시작하게 될 거라는 것!

자, 그럼 본격적으로 시작해 보겠습니다.

Memo

2장

빈 문서를
앞에 두고
머리를
싸매는 이유

💬 문서는 '글'이 아니라 '말'입니다

기획, 전략, 마케팅, 운영, 개발, 영업, 경영 등 모든 직군은 문서로 커뮤니케이션을 합니다. 문서에서 자유로운 직장인은 흔치 않죠. 회사에선 가르쳐 준 적도 없고 배운 적도 없는데 자꾸 뭘 써 오라고 합니다. 어떤 것들로 구성해야 하는 건지, 어떤 보고서가 좋은 보고서인지 알려 주는 사수나 상사도 없는데 말이죠. 그토록 중요한 문서, 보고서인데 그 비싼 등록금을 냈던 대학에서는 왜 알려 주지 않았을까 원망이 들 정도로 막막합니다. 그럴 때마다 다른 사람들의 문서를 몇 장 열어 얼추 따라 만들어 보지만 "다시, 조금 더 고민해 봐." 같은 피드백으로 돌아오고 말아요.

'대체 뭘 수정하라는 거야…'

알 길이 없어 모니터 앞에서 머리를 싸매다 결국 포털 검색 창에 조심스레 마우스 커서를 올리고는 '보고서', '기획서', '제안서', 'PPT' 같은 키워드를 쳐 봅니다.

'보고서'만 쳐도 '보고서 양식', '보고서 작성법', '보고서 잘 쓰는 방법', '보고서 작성 요령' 등 연관 검색어가 줄줄이 붙습니다. 그만큼 모니터 앞에서 문서 작성을 놓고 같은 고민을 하는 직장인이 많다는 뜻이겠지요.

앞에서 이야기한 것처럼 보고서 작성 노하우를 전하게 된 계기는 지인들의 요청이었습니다. 주변에서 여러 차례 문서 작성법을 알려 달라는 요청을 받고 나서야 '아, 다들 정말 어려워 하는구나.' 하고 깨닫고 좋아하는 동료들을 돕고자 회의실에서 이야기를 나누게 되었죠. 문서를 작성할 때 왜, 어디서, 무엇 때문에 막히는지를 듣고, 그럴 때 저는 무엇을 기준으로 어떻게 작성하는지 제 경험을 바탕으로 대답하면서요.

▲ '보고서', '제안서', '기획서', 'PPT'만 써도 자동으로 붙는 연관 검색어.
모두가 모니터 앞에서 같은 막막함을 가지고 있습니다.

그렇게 제 노하우를 정리해서 오프라인에서 강의도 하게 되었습니다. 수강생들은 사회 초년생부터 저보다도 훨씬 높은 연차까지, 나이로는 갓 대학을 졸업한 20대 중반부터 40대 분들까지 경력과 연령대가 다양했습니다. 모두가 문서에 대한 막막함을 풀 곳이 없어 퇴근 후 혹은 주말에 지친 몸을 이끌고 사비를 내어 강의실까지 온 분들이었죠. 저는 수강생에게 어떤 부분이 가장 막막하고 어렵게 느껴지는지 항상 물어보았습니다. 그 대화를 종합해 보면 몇 가지 뚜렷한 공통점이 있어요.

1. 제가 진짜 글을 잘 못 써서⋯ 일목요연하게 써지지 않아요

그렇죠. 문서 작성은 실제 입을 열고 말하는 게 아니라 키보드 위에 손을 얹어 텍스트로 적어 내리는 일이니 글 쓰기 실력이 부족해 문서 작성이 어렵다고 여길 만도 합니다. 하지만 우리는 회사라는 곳에서 보고서를 왜 쓰는지, 문서라는 것이 어떤 역할을 하는지 생각할 필요가 있습니다.

사실 회사에서 전달이 필요한 업무 내용들은 말로 전하거나, 사내 메신저로 메시지를 써도 충분합니다. 할 수만 있다면 말이죠. 하지만 보통 전할 내용이 길거나, 이미지를 함께 보여 줘야 하는 경우가 많습니다. 전할 내용이 짧더라도 팀장님, 대표님, 외부 파트너, 유관 부서, 소비자에게 무언가를 전하려면 한 명씩 찾아가 대화할 수도 없고, 모두의 연락처를 따낸 뒤 카톡 친구로 등록해서 채팅 창에 한 줄 한 줄 써 내려갈 수도 없는 노릇이죠. 그래서 메신저가 아닌 다른 도구(tool)인 문서로 대신해야 합니다. 즉, 문서란 말이나 메신저로 할 이야기를 파워포인트나 워드, 키노트 등 다른 도구를 사용해서 '말'하는 것뿐이에요.

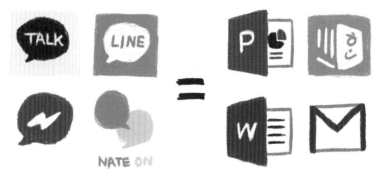

▲ 메신저를 쓰는 것과 문서를 쓰는 것은 동일해요. 둘 다 '말'을 전하는 일입니다.

친구에게 카톡을 보낼 때 키보드 위에 손을 올리고는 '자, 이제 글을 써 볼까?'라고 생각하고 메시지를 쓰는 사람이 있을까요? 아무도 없죠. 문서도 동일합니다. 그 많은 사람들에게 길고 긴 이야기를 말이나 카톡으로 전하기 힘들고 비효율적이라 문서에 적는 것일 뿐, 카톡 창을 열어 말을 전하는 것과 빈 문서를 열어 말을 전하는 것은 그 목적과 역할이 동일합니다. 빈 문서가 조금 더 크고 하얀 네모일 뿐이죠.

여러분이 어제도 오늘도 팀장님께 구두로 간단히 보고를 드렸고, 유관 부서와도 메신저를 통해 잘 소통하고 있다면 문서도 충분히 잘 쓸 수 있다는 이야기입니다.

2. 새로운 부서에서는 제안서 쓸 일이 많을 것 같아요… 저는 기획서는 써 봤는데 제안서는 한 번도 안 써 봤어요

보고서, 기획서, 제안서, 품의서 등 문서 표지에 적는 '문서의 종류'들이 막막함을 만듭니다. 이유가 뭘까요? 문서 종류별로 각각의 필수 양식과 반드시 지켜져야 하는 법칙이 있다고 생각하기 때문이에요.

'보고서니까… 개요-본문-결론 순서로 써야 하나?'

'설득력 있는 제안서는 배경-원인-분석-제안-기대 효과를 써야 한다던데…'

'기획서? 난 회사에서 한 번도 안 써 봤는데… 어떤 항목으로 채워야 기획서인 거지?'

마치 누군가가 모두의 뇌에 심어 놓은 것처럼 문서는 어떠한 '양식'과

'법칙'이 존재한다고 생각합니다.

결론부터 말씀드리자면, 우리가 실무에서 만들어야 하는 문서에는 양식과 법칙이 없습니다. 마치 계약서처럼 첫째 줄에는 갑을 관계를 명시하고, 반드시 양측의 도장이 찍혀 있고, 특별 약정은 가장 마지막 장에 별첨하는 등의 필수 법칙이나 정해진 양식이 회사 문서에는 존재하지 않아요.

회사 문서는 말이나 카톡 대신 사용하는 것이기 때문에 상황에 따라 전하고자 하는 말을 전하기만 하면 됩니다. 우리는 카톡을 할 때 자연스레 상대방과 상황에 따라 다르게 말하죠. 마찬가지로 문서를 작성할 때도 매번 고려해야 할 사항, 이전 히스토리, 내가 가진 자료의 양, 상대방의 배경 지식 정도, 우리 회사나 팀의 입장 등 갖가지 조건이 모두 다르기 때문에 매번 동일한 양식과 법칙에 맞춰 전달하기란 절대 불가능해요.

즉, 보고서, 기획서, 제안서, 품의서 등 모든 문서는 '말'을 전하는 역할을 할 뿐 표지에 적힌 문서의 종류, 문서의 이름에 따라 그 안의 법칙이 달라지지 않습니다. 말을 전하는 역할은 동일하고 그 안에서 '이 문서는 본부장님에게 프로모션 예산을 컨펌 받기 위함'이라거나 '이 문서는 소비자들에게 우리의 정책이 변경되었음을 알려 주기 위함'과 같은 상황에 따른 목적만 상이할 뿐이죠. 그러니 문서 표지에 '기획서', '보고서', '제안서' 등 어떤 이름을 쓰던, 각기 다른 문서라거나 각각의 양식이나 법칙을 가졌으리란 편견에 현혹되지 마세요.

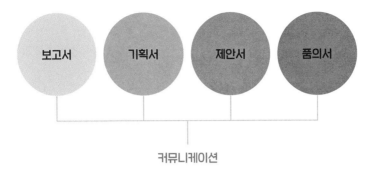

▲ 문서의 종류와 이름에 현혹되지 마세요. 어떤 것이든 커뮤니케이션을 하는 도구일 뿐입니다.

3. 나름대로 어떻게든 써서 제출하긴 하는데… 제가 잘하고 있는 건지 불안해요

오프라인 보고서 작성 강의를 하면 의외로 사회 초년생보다 5년차 ~10년차 경력이 있는 분들이 많이 찾아옵니다. 그분들이 고민하는 내용은 비슷해요. 문서 작성법을 배운 적이 없이 눈치껏 문서를 작성해 왔고 애매한 피드백을 받으며 그때그때 살아남았으나(?) 아직도 문서 미션을 받을 때마다 늘 불안하다는 것입니다.

불안한 이유는 간단합니다. 어떤 문서가 좋은 문서인지 알지 못하기 때문이에요. 문서를 보는 눈이 있다면 내 문서가 완벽히 채워졌는지 혹은 어디가 부족한지 판단할 수 있습니다. 하지만 그걸 보는 눈이 없다면 가진 자료를 다 밀어 넣어도 정말 이대로 제출해도 괜찮을지 자신이 없죠. 결국 데드라인까지 문서를 노려보다 기한에 쫓겨 제출하고는 '제발 조용히 넘어가라.' 하고 기도합니다. 더 이상 불안에 떨지 않으려면 문서 작성 스킬을 더할 것이 아니라 좋은 문서와 나쁜 문서를 볼 줄 아는 눈을 길러야 합니다.

누가 보더라도 좋은 평가를 받을 수 있는 문서는 좋은 커뮤니케이션과 동일해요. 예를 들어 회의실에 들어왔다고 해 볼까요. 앞에 선 발표자가 앞으로 회의를 통해 모두에게 전하고자 하는 바가 명확하며, 아주 쉽게 이해되도록 말해 주고, 일방적인 커뮤니케이션이 아닌 듣는 사람의 궁금증까지도 해소해 준다면 누구든 그 회의를 기분 좋게 느낄 겁니다. 회의실 안에서 성과 역시 분명하게 나겠지요.

좋은 문서와 잘못된 문서도 동일합니다.

좋은 문서

1 보는 사람의 수고 없이도 문서의 내용이 쉽고 빠르게 이해되는 문서

2 문서를 통해 하고자 하는 말이 명확하게 상대에게 전달되는 문서

3 상대가 궁금할 내용에 대한 내용이 미리 써 있어 일방적인 커뮤니케이션을 하지 않는 문서

4 시각적으로 깔끔하고 정돈되어 시선이 어지럽지 않은 문서

잘못된 문서

1 정독을 해야만 내용을 이해할 수 있는 문서

2 자료가 가득 나열되어 있지만 그래서 결국 하고 싶은 말이 무엇인지 애매해 고개를 갸웃하게 되는 문서

3 왜? 어떻게? 마음속 질문이 계속 생기는데도 배경, 원인, 결론, 시사점… 정해진 순서를 밀고 나가는 문서

4 장을 넘길 때마다 중구난방 시선이 왔다갔다 해서 정신 없는 문서

💬 내 보고서가 엉망이라는 건
앞으로의 직장 생활도 어렵다는 이야기

앞으로 책에서 아주 여러 번 강조하게 될 가장 중요한 전제이자 결론은 **문서는 글이 아니라 말이라는 사실입니다.** 만약 그동안 회사의 문서라면 잘 정돈된 글을 써야 하고 정해진 양식과 법칙을 따르지 않으면 틀린 문서가 된다고 생각했다면, 그 생각을 모두 지워 버려야 해요. 문서가 글이라고 생각하는 순간, 왜 그 어린 시절 논술 학원을 다니지 않았을까, 책이라도 조금 더 읽을걸 하고 후회하며 보고서의 시작, 구성, 순서를 정하는 방법이 굉장히 어려운 전문 기술처럼 느껴집니다.

하지만 모두가 이미 일상에서 말이나 카톡을 할 때는 상대와 상황에 따라 말의 시작과 구성, 순서를 아주 자연스럽게 결정해 내죠. 말을 하거나 카톡을 보낼 때 '재밌는 이야기를 구성하는 법칙'이나 '애인이 화났을 때 사과하는 양식'에 맞춰 쓰지 않듯이 문서도 정해진 양식이나 법칙 없이 그 상황에 가장 적합하게 말할 줄 알아야 합니다.

반대로 생각해 볼까요? 만약 카톡을 말이 아니라 글이라 생각하고 잘 짜여진 서론-본론-결론, 혹은 배경-원인-분석-결과와 같은 양식과 법칙에 맞춰 보낸다면 아마도 이런 대화가 될 것 같습니다.

안녕하세요. 사업기획팀 김마라입니다.

개요 ▶ 어제 참석해 주신 1분기 매출 하락 대응 본부 회의에 관한 요청사항을 전달드리고자 합니다.

배경 ▶ 어제 본부 회의의 목적은
1분기 매출 하락의 원인을 확인하고 해결 방안을 마련하여
2분기 매출 달성에 이슈가 없도록 하기 위함이었는데요.

원인 ▶ 매출 하락의 원인은 두 가지로 밝혀졌습니다.
첫 번째는 두 차례에 거친 황금 연휴로 인해 평일 사용자가
50%로 하락한 점. 그리고 두 번째는 A 상품 매출이 2분기
로 집계되는 오류로 1분기 지표에 미포함되었던 점.

방안 ▶ 그래서 이에 따른 해결 방안으로 얘기된 것은…

　　내가 만약 회사에서 이런 카톡을 받았다면 어떨까요? 요청사항이 있다고 연락을 한 것 같은데… 대체 요청사항은 언제 말해 줄 건지 모르겠고, 개요부터 시작해 배경과 원인과 방안, 결론에 따른 요청사항 순으로 줄줄이 카톡을 쓰고 있으니, 마치 메시지를 받는 나는 투명인간인 것처럼 대화하고 있는 모습에 황당하지 않을 수 없습니다. 이처럼 상황에 대한 고려 없이 양식과 법칙에만 맞춰 쓴 메시지는 아무도 읽어 주지 않을 뿐더러, 이렇게 업무를 처리하면 단숨에 일 못하는 사람으로 낙인찍히고 말 겁니다.

문서도 마찬가지입니다. 회사의 모든 문서는 전문적인 글쓰기 기법을 요하는 창작 원고도 아니고, 정해진 양식에만 값을 채워 넣어야 하는 임대차 계약서도 아닙니다. 말이나 메신저와 같은 커뮤니케이션 수단일 뿐이에요.

우리가 회사에서 말도 제대로 못하고 있다면, 앞으로의 회사 생활이 얼마나 힘들어질까요?

회사 생활 진단 체크리스트

☐ 보고서, 기획서, 제안서 등 문서 작성 미션을 받을 때마다 뭘 써야 할지 막막하다.

☐ 문서 기획, 작성 방법에 관해 배울 수 있는 사수나 상사가 없다.

☐ 포털 검색 창에 'PPT 템플릿', '보고서 작성법', '제안서 양식', '기획서 잘 쓰는 법'을 검색해 봤다.

☐ "리서치해서 보고해 주세요.", "1페이지로 간략히 정리해 주세요."와 같은 러프한 미션을 받는다.

☐ 고민해서 만들었는데 "음… 더 고민해 보세요."라며 이유 모를 반려를 당한 적이 있다.

☐ 열심히 정리해서 보냈는데 내 문서를 다들 안 읽었는지 내용을 모른다.

이 가운데 하나라도 경험하고 있다면 앞으로의 직장 생활도 괴로울 수 있습니다. 기획 · 마케팅 · 영업 · 운영 · 전략 어떤 일을 하든 직장에서 문서는 필수 커뮤니케이션 도구이니까요!

✎ Memo

3장

문서 미션이
떨어졌다!
근데 뭐부터
시작하지?

수강생들에게 "평소 실무에서 문서를 작성할 때 어떤 부분이 가장 어려우세요?"라고 물으면 정말 많은 분들이 "음… 시작부터요."라고 말하며 배시시 웃습니다. '아, 그냥 다 모르겠다!' 같은 과장된 의미가 아니라, 정말 말 그대로 빈 문서를 열었을 때 뭐부터 해야 할지 몰라서 답답하다는 뜻이죠.

어떤 일이든 시작이 이후 결과를 좌지우지하듯, 문서 역시 그 시작이 매우 중요합니다. 나름대로 준비를 잘해 봐도 내 문서를 읽던 팀장님이 늘 고개를 갸웃한다거나, "더 고민해 봐."라는 애매한 피드백을 준다면 슬프게도 첫 단추부터 잘못 꿴 탓일 수 있습니다. 문서를 작성하기 전에 가장 먼저 해야 할 일을 안 했기 때문이죠.

💬 흔하게 볼 수 있는 잘못된 보고서

"마라님, 해외 배달 업계 최근 동향 좀 리서치해 주세요."

미션을 준 팀장님은 질문할 틈도 주지 않고 회의실로 들어가 버립니다. 실무에서는 "간단히 정리해 주세요."와 같이 쉬워 보이는 말 한마디로 어려운 문서 미션들이 쿵쿵 떨어집니다. 어떻게 작성하라는 건지 설명도 없이요.

자, 이런 미션을 받았다면? 아주 열심히 서칭을 시작해야겠죠. 대학 졸업 후 잊었던 영어 실력을 꺼내어 해외 기사들도 해석해 보고 종일 리서치해서 내용을 잘 정리해 냅니다. 그렇게 열심히 서칭한 내용을 정리해서 만들어 내는 문서는 열의 일곱이 다음과 같습니다.

▲ 흔하게 볼 수 있는 잘못된 보고서

팀장님은 애매한 표정으로 한 장씩 넘겨 보고는 문서가 끝나자 말합니다.

"그래서…? 뭐가 어떻다는 거예요?"

"네…????"

팀장님 책상 옆에 선 채로 동공 지진 한 다음 자리로 돌아와 친구에게 카톡을 하겠죠.

'아니, 우리 팀장 진짜 돌아이야! 리서치를 하라고 해서 내가 잘 정리를 해 갔다? 그랬더니 그래서요? 하는 거야! 뭐 어쩌라는 거야? 하, 우리 팀장 진짜 싫어!'

앞서 본 문서의 패턴은 사실 현업에서 아주 흔하게 볼 수 있습니다. 최악의 문서라고까진 할 수 없지만 아주 잘 쓴 문서라 말하기도 어려워요. 왜일까요?

💬 이 문서로 누구에게 무엇을 말하려고 하는 거지?

문서는 회사에서 말을 전하기 위한 커뮤니케이션 수단임에도 불구하고 수많은 문서들이 자료를 A, B, C… 나열하기만 하고 끝납니다. 그 이유는 문서 미션을 받았을 때 '내가 이 문서를 통해 무슨 말을 하려고 하는 거지?'를 생각하는 것이 아니라, '결과 보고서를 쓰라고? 결과 보고서면… A 표도 들어가야 하고… B 그래프도 넣어야 하고… C도 필요하겠지?' 하고 보고서에 들어가야 할 항목만 떠올리기 때문이죠.

그렇게 구성 요소부터 떠올려 자료를 나열한 문서를 제출하면 늘 "그래서요?"라는 질문을 받거나 아무런 임팩트도 전하지 못한 채 "그래. 뭐…고생했어…"와 같은 어딘가 찝찝한 피드백을 받을 수밖에 없습니다.

그런 찝찝함도 겪지 않고, 매번 달라지는 문서 미션을 아주 쉽고 빠르게 시작할 실마리를 찾으려면 빈 문서를 열고 키보드에 손을 올리기 전반드시 생각해야 하는 두 가지가 있습니다.

"내가 지금 누구(To)에게 무슨 말(Message)을 하려고 하는 거지?"

To: 누구에게 말할 것인가?

문서가 아닌 카톡이라면? 우리는 당연히 자연스럽게 내가 누구에게 말을 해야 할지 생각합니다. 상대를 먼저 생각해야 카톡방을 열고 말을 시작할 수 있으니까요.

팀장님에게 말해야 한다면 팀장님과의 카톡방을 열고, 다수에게 말해야 한다면 단체 카톡에 누구누구를 초대해야 할지 생각하죠. 문서도 마찬가지로 빈 문서를 열기 전에 생각해야 합니다.

'내가 지금 누구에게 말을 하려고 빈 문서를 열었지?'

(= '내가 지금 누구에게 말을 하려고 카톡을 열었지?')

듣는 사람이 누군지에 따라 문서의 구성이 달라질 수밖에 없습니다. 듣는 사람의 배경 지식, 담당하는 업무, 위치나 입장 등 모든 조건이 다르기 때문이죠. (문서의 구성 요소는 4장에서 더 자세히 다루겠습니다.)

보통은 문서를 작성하라고 지시를 받을 때 '시장 조사해서 정리해 줘.'라는 그 미션의 문장에만 집중해서, 혹은 '시장 조사 리포트'라는 표지의 제목에만 집중해서 내가 이 문서를 통해 말할 상대방이 누군지 생각하지 않는 경우가 많습니다.

문서를 시작하기 전에 반드시 내가 지금 팀장님에게 말하기 위해 빈 문서를 펼친 것인지, 대표님 혹은 유관 부서, 거래처에게 말을 하려고 빈 문서를 펼친 것인지를 먼저 생각해야 합니다. 우리는 문서를 통해 말을 하려는 것이기에 상대가 없이는 시작조차 할 수 없어요.

Message: 내가 하려는 말은 무엇인가?

우리는 결국 상대방에게 한마디의 말을 전달하거나 물어보기 위해 10장, 100장의 문서를 작성합니다. 반대로 생각하면 10장이든 100장이든 상관없이 결국 전하려고 하는 말은 한마디죠.

내가 지금 문서를 수단으로 '누구에게' 말을 전하려는 것인지 생각했다면, 이제 내가 이 문서를 통해서 그 사람에게 '전하고자 하는 메시지'가 무엇인가를 생각해야 합니다.

흔히 제안서는 제안할 내용, 보고서는 보고할 내용, 기획서는 기획한 내용을 담으면 된다고 생각합니다. 그렇게 생각하면 A, B, C… 나열만 하고 끝나는 문서를 만들기 쉽죠. 정말 좋은 문서를 만들기 위해서는 나열에만 그치지 않고 상대에게 전하는 내 생각이나 메시지가 있어야 합니다.

메시지를 꺼내는 방법은 간단합니다.

미션이 떨어지면 먼저 문서에 담아야 할 구성 요소부터 떠올리지 말고 문서를 통해 상대방에게 전할 내용을 말로, 혹은 카톡으로 전한다고 생각하고 말로 해 보세요.

Mission: 올해 A 상품 마케팅 기획안 마련해 주세요.

Not Good

마케팅 기획안이니까… 개요랑 배경, 상세안, 효과를 구성 요소로 넣으면 되겠지?

Good

팀장님, A 상품 최근 데이터를 보니 실사용자 후기로부터 구매 연결이 활발했더라고요~ 인플루언서와 소비자 체험단 후기 콘텐츠를 제작하여 '단 10일 만에 효과 본 제품'이라는 브랜딩을 강화하려 합니다. 매출 상승은 물론 소비자들의 실제 리뷰를 끌어내 자연스러운 추가 마케팅이 될 것으로 예상됩니다.

메시지를 생각할 때 그저 말로 해 보는 데 그치지 않고 카톡이라고 했을 때 매끄러운 시작과 끝맺음이 되는가를 생각해야 합니다. 카톡으로 전했을 때 상대방에게 '그래서요?', '왜요?', '그렇게 하면요?'와 같은 질문이 돌아올 것으로 예상된다면 메시지에서 뭔가 부족한 점이 있다는 뜻이죠. '네, 알겠습니다.', '네, 그러네요~'와 같이 별다른 질문 없이 수긍하는 답변이 상상된다면 한마디의 매끄러운 메시지를 잘 생각해 낸 것입니다.

Mission: A사 신제품 제휴 제안서 마련해 주세요.

Not Good

A사 여러분! 저희 회사는 신제품에는 a, b, c, d의 강점이 있습니다. 저희랑 제휴하시죠! (갑자기요…?)

Good

A사에서 제일 필요로 하는 기능은 a, b, c일 것입니다. 저희는 a, b, c를 타사 대비 모두 최상 품질로 유지하고 있을 뿐 아니라 최근 d 기능까지 도입했습니다. 코로나 이후 d에 대한 중요성이 대두되고 있는 시기이기 때문에 저희와 제휴하신다면 최고의 효과를 보실 수 있다고 생각합니다. (네, 그 점 고려하겠습니다.)

나름 문서의 구색을 갖춰 만들어 봤지만 애매한 피드백을 받았다면 대부분 메시지가 없었기 때문일 겁니다. 전하는 메시지가 없으면 자연스러운 대화가 아니라 어색한 시작이나 끝맺음을 하게 되어, 보는 사람에게도 공감을 얻거나 납득시키기 쉽지 않기 때문이죠.

팀장님

경쟁사 조사를 해 본 결과 최근 변화는 a와 b, 그리고 c입니다.

이렇게 카톡이 끝난다면? 잠시 정적이 흐른 뒤 '네~ 계속 말씀하세요.'라거나 '그래서요~?'라는 답장을 받을 수도 있겠습니다. 혹 팀장님이 되묻지 않는다고 하더라도, 일방적으로 정보를 쏟아낸 카톡일 뿐 자연스러운 대화의 마무리는 아니죠. 만약 대화를 하면서 경쟁사 조사 결과인 a, b, c와 함께 나의 메시지를 전했다면 어떨까요?

팀장님

경쟁사 조사를 해 본 결과 최근 변화는 a와 b, 그리고 c입니다.

최근 코로나 때문에 전반적인 오프라인 시장 매출 하락을 방어하기 위해 온라인 시장에 집중하고 있는 것 같아요.

음~ 그러네요. 알겠습니다.

💬 내가 회사에서 이런 미션을 받았다면?

앞으로 계속해서 배우게 될 보고서 작성 방법은 눈으로만 익히기보단 내가 실제 실무에서 받은 미션이라 가정하고 '나라면'이라고 생각하며 직접 고민해 보는 것이 중요합니다. 예시 상황들을 가지고 고민해 본 뒤 실제 나의 실무를 다시 떠올려 보겠습니다.

\<상황 1\> 내가 회사에서 이 미션을 받았다면?

작년 대비 상반기 매출이 하락했다. 하반기 매출 상승을 위해 수영복 카테고리 20% 할인 쿠폰을 무제한으로 제공하는 긴급 프로모션을 준비하기로 했다.

 마라님, 프로모션 기획안 정리해 주세요. 쿠폰을 무제한으로 지급하는 기능이 현재는 없어서 개발팀에서 리뷰가 필요하겠어요.

이런 상황에 처했다고 가정해 볼까요. 떨리는 마음으로 새하얀 빈 문서를 꺼내어 '수영복 카테고리 프로모션 기획안'이라고 제목을 써 봅니다.

이렇게 표지를 적고 나면 대부분 '프로모션 기획안'이라는 문서의 이름에 현혹되기 시작합니다. '기획안이니까… 프로모션을 왜 기획해서 어떻게 진행할지 상세하게 담아야겠다.'라고 생각하고 자료를 준비한 뒤 문서의 내용을 채우려 하죠.

하지만 키보드 위에 손을 올리기 전에 반드시 생각해야 할 두 가지 '내가 지금 누구(To)에게 무슨 말(Message)을 하려고 하는 거지?'를 먼저 생각해 봅니다. 각자 실제로 맡겨진 미션이라 생각하고 생각해 볼까요.

\<상황 1\>에서 나는 누구에게, 무슨 말을 하고자 '수영복 카테고리 프로모션 기획안'을 쓰는 걸까요?

To: _____

Message: _____

_____

▲ 생각하는 연습을 해 보는 것뿐이니 틀려도 괜찮습니다. 편하게 고민해 주세요.

〈상황 1〉에서 나는 누구에게 말을 하려는 것이라고 생각하나요? 미션을 준 팀장님? 아닙니다. 팀장님이 준 미션은 '개발팀에서 리뷰가 필요하다', 즉 개발팀에게 말을 해야 하니 기획안을 빠르게 준비하라고 했습니다. 이 예시에서 문서의 메시지를 받을 사람은 개발팀이 됩니다.

그리고 제가 개발팀에게 할 말은 무엇일까요? 프로모션을 어떻게 진행할 예정이라는 말을 전하면 될까요? 이렇게 생각했다면 아직 '기획안'이라는 제목에 갇혀서 생각한 경우일 수 있겠습니다. 이 문서의 제목이 '프로모션 기획안'이든 '개발팀 요청사항 리스트'든 혹은 '개발팀에게 보내는 편지'이든 간에 그 어떤 제목이어도 그 안에 전할 내용은 동일합니다.

팀장님의 미션을 다시 한번 확인해 보면 '프로모션 기획안 정리해 주세요. 쿠폰을 무제한으로 지급하는 기능이 현재는 없어서 개발팀에서 리뷰가 필요하겠어요.'이죠. 쿠폰 무제한 지급 프로모션을 해야 하는데 시스템이 구축되어 있지 않아 개발팀에게 기능을 개발해 달라는 요청, 그 한마디를 하기 위해서 문서를 작성하는 것입니다.

개발팀에게 전할 메시지를 문서가 아닌 말로 해서 매끄러운 대화가 되도록 한다고 생각해 보면 "개발팀 여러분~ 우리 회사 상반기 매출이 많이 떨어져서요. 이런 이벤트를 통해 매출 방어를 하려고 합니다. 개발이 필요한 요소들이 있는데 00일까지 해 줄 수 있을까요?" 이런 식의 한마디일 겁니다. 이 한마디를 물어보려고 10장, 20장짜리 기획안을 쓰는 것이죠.

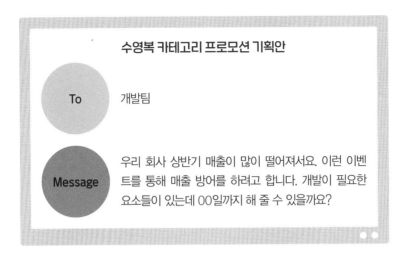

수영복 카테고리 프로모션 기획안

To 개발팀

Message 우리 회사 상반기 매출이 많이 떨어져서요. 이런 이벤트를 통해 매출 방어를 하려고 합니다. 개발이 필요한 요소들이 있는데 OO일까지 해 줄 수 있을까요?

앞에서 비슷한 메시지를 생각했나요? 여기서 가장 강조하고 싶은 핵심은 표지의 제목에 현혹되어 문서에 들어가야 할 구성 요소부터 뽑지 말고 말로 풀어서 상대와 메시지를 생각해야 하며, 메시지를 일방적으로 통보하거나 어색하게 나열하지 말고 매끄러운 대화가 이루어지도록 생각하라는 것입니다.

그럼 이번엔 〈상황 1〉과 동일한 상황에서 다른 미션을 받았다고 가정해 보겠습니다.

〈상황 2〉 내가 회사에서 이 미션을 받았다면?

작년 대비 상반기 매출이 하락했다. 하반기 매출 상승을 위해 수영복 카테고리 20% 할인 쿠폰을 무제한으로 제공하는 긴급 프로모션을 준비하기로 했다.

 CS팀에게도 프로모션 기획안 전달해 주세요. 수영복 카테고리 파트너사들에게 문의가 많이 올 거예요.

상황은 동일하지만 팀장님이 지시한 미션이 달라졌습니다. 그럼 이번에도 '수영복 카테고리 프로모션 기획안'이라는 문서의 제목을 쓰고 난 뒤 가장 먼저 생각해야 할 것은 '기획안'이 아니라 '내가 지금 누구(To)에게 무슨 말(Message)을 하려고 하는 거지?'입니다.

<상황 2>에서 나는 누구에게, 무슨 말을 하고자 '수영복 카테고리 프로모션 기획안'을 쓰는 걸까요?

To: _____

Message: _____

_____

'수영복 카테고리 프로모션 기획안' 같은 제목의 문서라고 해서 같은 내용일까요? 절대 그렇지 않습니다. 듣는 사람이 다르고 그 사람에게 전할 메시지가 다르기 때문에 다를 수밖에 없죠.

〈상황 2〉뿐 아니라 프로모션을 진행한 후 똑같은 제목의 '프로모션 결과 보고서'를 쓰더라도 본부장님, 소비자, 신규 투자자 등 상대에 따라 메시지가 다를 수 있고, 메시지가 다르다면 문서의 내용도 달라지게 되죠. 문서의 같은 제목이 반드시 같은 내용을 말하지는 않습니다.

그렇다면 〈상황 2〉의 경우 누구에게 말을 하기 위해 문서를 열었을까요? 팀장님의 미션에 따르면 이번엔 CS팀에게 말을 전하기 위해 기획안을 작성해야 하는 상황입니다. 그리고 내가 이 기획안을 통해 CS팀에게 전할 메시지는 무엇일까요?

미션을 보면 '수영복 카테고리 파트너사들에게 문의가 많이 올 테니 CS팀에서 미리 프로모션 내용을 잘 알고 있도록 전달해 놓아라.'라는 팀장님의 목적을 이해할 수 있습니다. 그렇다면 이 기획안을 통해 내가 CS팀에 전할 말을 대화 형식으로 써 본다면 "CS팀 여러분~ 우리 회사에서 00일부터 이런 이벤트를 할 예정입니다. 수영복 카테고리 파트너사들에게 문의가 오면 응대 잘 부탁드려요."라는 한마디가 됩니다. 이 한마디를 전하고 싶어서 CS팀 사람들에게 수영복 카테고리 프로모션 기획안을 전달하는 것이죠.

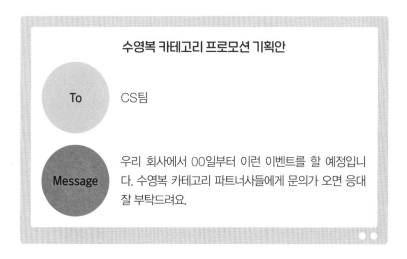

이번에는 메시지를 생각하기 조금 더 쉬웠나요? 저와 똑같은 문장이 아닐 수도 있습니다. 오히려 저보다 더 좋은 문장을 썼을 수도 있습니다. 기억해야 할 점은 같은 제목의 보고서라도 미션에 따라, 상대에 따라 전하고자 하는 메시지가 전혀 달라지게 된다는 것입니다.

그럼 마지막으로 이번에는 다른 상황에서 다른 미션을 받았다고 가정해 보겠습니다.

<상황 3> 내가 회사에서 이 미션을 받았다면?

코엑스에 팝업스토어를 열어 20대를 타겟으로 브랜드 홍보 부스를 열기로 했다. 최근 트렌드가 '뉴트로'이기에 팝업스토어의 컨셉을 '8090 감성의 뉴트로'로 하고자 한다.

 코엑스 팝업스토어 일정이 얼마 안 남았네요. 이번엔 마라님이 컨셉 한번 잡아 보세요.

이번에는 팀장님의 미션대로 오프라인 팝업스토어의 컨셉을 기획해서, 팀장님에게 나의 아이디어가 어떨지 제안해야 하는 상황입니다. 컨셉을 '8090 감성의 뉴트로'로 정하고 이제 빈 문서를 열어 문서를 작성해야 하는 순간입니다. 먼저 빈 문서에 '코엑스 팝업스토어 컨셉 제안서'라는 표지 제목을 써 봅니다.

마찬가지로 '제안서'라는 이름에 집중하면 '제안서? 제안서는 써 본적 없는데… 제안서에는 무엇을 넣어야 하는 거지?' 하고 생각하게 되면서 모니터 앞에서 머리를 싸매고 걱정부터 하게 될 수밖에 없죠.

어떤 제목의 문서라도 말을 전한다는 목적이라는 것은 동일합니다. 여기서도 문서의 이름이나 종류에 현혹되지 않고 '내가 지금 누구(To)에게 무슨 말(Message)을 하려고 하는 거지?'를 생각합니다.

<상황 3>에서 나는 누구에게, 무슨 말을 하고자 '코엑스 팝업스토어 컨셉 제안서'를 쓰는 걸까요?

To: _____

Message: _____

〈상황 3〉은 누구에게 말을 하는 문서일까요? 이번 상황에서는 팀장님에게 말을 하고자 문서를 작성합니다. 그리고 이 제안서를 통해 팀장님에게 전하고자 하는 메시지를 정리해 보자면 무엇일까요? 오프라인 강의에서 많은 수강생들이 〈상황 3〉에 대해 이렇게 대답을 합니다.

"음… 20대에게 뉴트로가 핫하니까 컨셉은 무엇이고 이렇게 할 것이라고 제안할 내용을 상세하게 써 줘야 할 것 같아요."

괜찮아 보이는 메시지입니다만, 만약 앞의 문장을 카톡으로 쓴다고 해 볼까요?

팀장님

최근 동향을 살펴보니 20대에게 뉴트로 상품이 정말 핫해서요.
이번 코엑스 팝업스토어는 뉴트로 컨셉으로 하면 어떨까 제안드려 봅니다.

무대는 A로 하려고 합니다.

입구는 B로 하려고 하고, 메인 이벤트는 C로 하려 합니다.

이렇게 카톡이 끝났을 때 팀장님의 반응이나 질문이 예상되나요? 저에게는 다소 일방적인 끝맺음으로 보입니다. 정말 카톡으로 보고하는 상황이라면 '여기까지 컨셉을 잡아 봤는데, 혹시 부족한 부분이 있다면 의견 부탁드립니다.'와 같은 문장이라도 덧붙였을 것 같은 말이죠.

컨셉을 나열하는 것뿐 아니라, 문서가 끝났을 때 매끄러운 대화로 마무리하려면 이렇게 한 줄 덧붙이면 어떨까요?

'팀장님, 최근 동향을 살펴보면 20대에게 뉴트로가 정말 핫해요. 주 타겟인 20대에 맞춰 이번 팝업스토어 컨셉을 '뉴트로'로 정하고 이렇게 A, B, C로 하면 목표 인원 달성은 물론이고 SNS 바이럴도 활발히 이룰 수 있을 거라 생각합니다.'

이렇게 상세한 내용 A, B, C에 대한 내 의견을 더하면 매끄러운 대화가 될 것 같습니다.

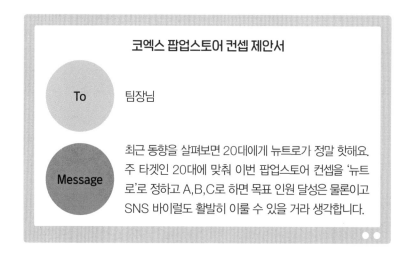

어색하게 끝맺지 않도록 메시지에 내 의견을 넣어야 하는 부분이 조금 어렵게 느껴지나요? 그렇다면 문서에 나열되는 요소 뒤에 '인데요~'를 붙이면 도움이 될 수 있습니다. 상대방에게 전하는 문서에는 내 의견을 담은 나의 말이 있어야 하기 때문에 '이번 이슈는 A, B, C인데요~ 다음 세 가지를 꼭 알아 두시라고 문서 드립니다.' 또는 '최근 트렌드는 A, B, C인데요~ 제 생각엔 2019년부터 계속된 2차 트렌드인 것 같습니다.'와 같이 '인데요~'를 쓰면 자연스럽게 의견이 들어간 매끄러운 맺음말을 생각하기 쉽죠.

어찌 보면 당연한 이야기임에도 불구하고 실제 업무할 때 많은 분들이 상대방과 메시지는 생각하지 않은 채 문서에서 구성해야 할 항목부터 급히 떠올려 쓰곤 합니다. 그래서 문서를 쓸 때 시작하기가 막막하고 기껏 작성한 문서를 제출해도 좋지 않은 피드백을 받기 일쑤죠. 다음 4가지를 유념해서 문서를 시작해 보세요.

1 문서의 제목에 현혹되지 말 것(제안서, 품의서, 계획서, 보고서 등)
2 미션을 받았을 때 문서에 들어갈 구성 요소부터 떠올리지 말 것
3 메신저나 말로 보고한다 생각하고 매끄러운 말로 해 볼 것
4 어색하게 맺음이 되지 않도록 내 의견을 넣을 것

이제 처음 예시로 돌아가 봅시다. 앞서 해외 배달 업계 동향을 조사하는 미션에서 해외 배달 업계의 특징을 A, B, C라고 나열하는 데 그쳤습니다. 이제 여기서 끝낼 것이 아니라 문서를 열고 작성을 시작하기 전, 문서를 통해 전하고자 하는 메시지를 생각해야겠죠.

"마라님, 해외 배달 업계 최근 동향 좀 리서치해 주세요."

"네~ 팀장님, 제가 해외 배달 업계를 리서치한 결과, 주요 특징은 A, B, C인데요~ 다인 가구나 주부 중심의 현재 우리 서비스와는 반대의 흐름인 걸 볼 수 있습니다."

리서치한 결과를 문서에 담기 전에 카톡이나 구두로 보고한다고 생각하고 자연스러운 대화가 되도록 메시지를 꺼내 봤습니다. 그리고 그 메시지가 전달될 수 있도록 특징 A, B, C 뒤 '다인 가구, 주부 중심의 현재 우리 서비스' 슬라이드 한 장만 추가했더라도 팀장님에게 전달하고자 하는 메시지가 있는, 어색하지 않은 문서를 만들 수 있었겠죠?

해외
배달 업계
최신 동향
리포트

최근 동향은
A입니다.

B입니다.

C입니다.

감사합니다.

현재
우리 서비스

실무를 떠올리며 생각해 보세요.

여러분이 최근 회사에서 받았던 문서 미션은 무엇인가요? 누구에게 무슨 메시지를 전하고자 하는 문서인가요?

To: _____

Message: _____

_____

4장

문서에 넣을
구성 요소는
어떻게
정해야 할까?

"나는 제일 어려운 게, 문서에 대체 어떤 걸 넣고 어떤 걸 빼야 할지 못 고르겠어."

문서 쓰기를 어려워 하던 한 회사 동료가 토로한 고민입니다. 제안서를 작성해야 한다고 할 때 제안할 핵심 내용은 여러 차례 회의를 통해 정해졌는데, 그 제안 내용 앞뒤의 내용을 채워 문서에 담는 일이 고민된다는 거죠. 이 자료까지 담으면 너무 과한 것 같고 빼자니 필요한 내용 같기도 하고, 그걸 가늠하기 어렵다는 말입니다.

회사에는 많고 많은 자료가 있습니다. 그중 과연 어떤 자료를 골라 내 문서에 넣어야 할까요? 또, 그 많고 많은 자료 중에 정작 내게 필요한 자료가 없을 때도 있죠. 내가 작성해야 할 문서에 대체 어떤 자료를 넣어야 하는지, 뭐가 더 필요한지 어떻게 판단할까요?

💬 지금까지 생각했던 구성 요소는 구성 요소가 아닙니다

문서 쓰기를 어려워 하는 분에게 문서의 구성 요소가 무엇인지 물어보면 '개요', '배경', '목적', '방안', '효과', '결론' 같은 '단어'들을 떠올립니다. 이 단어들은 문서의 구성 요소가 아니에요. 그동안 구성 요소라고 생각했던 이 단어들은 머리에서 완전히 지워도 괜찮습니다.

모든 장마다 강조하는 얘기지만 문서는 상대에게 커뮤니케이션 하는 수단 중 하나일 뿐이며, 글이 아니라 말이라고 생각해야 합니다. 따라서 문서의 구성 요소란 정해진 양식이 아니라 내가 말하고자 하는 바를 전달할 수 있는 것이어야 하죠. 내가 전하고자 하는 메시지로 문서를 구성한 뒤 그 구성 요소의 제목으로 개요, 목적, 방안, 효과와 같은 단어들을 붙일 수 있지만, 그 단어 자체가 구성 요소라 생각한다면 문서마다 어떤 구성 요소를 넣어야 할지 고르기 매우 어려워집니다.

쉬운 예를 들어 보겠습니다. 날씨가 좋아 주말에 한강 나들이를 가고 싶어 친구에게 카톡을 한다고 생각해 볼까요? 친구에게 카톡을 보내서 하고 싶은 말은 '주말에 날씨가 좋으니 약속 없으면 같이 한강 나들이 가자'는 한마디의 제안입니다.

그렇다면 '마라야, 이번 주말에 날씨가 진짜 좋다고 해서 한강에 가고 싶은데, 시간 되면 같이 나들이 갈래?'라고 말하면 내가 전하고자 하는 말이 충분히 잘 전달될 수 있죠. 아주 매끄러운 대화이기도 하고요. 그렇다면 내가 하고 싶은 말을 하기 위해 다음 구성 요소와 자료들을 준비해야 합니다.

> 마라야, 이번 주말에 날씨가 진짜 좋다고 해서
> 이번 주 날씨
>
> 한강에 가고 싶은데 시간 되면 같이 나들이 갈래?
> 니즈   나들이 제안

▲ 원하는 메시지를 전달하기 위해 구성 요소를 선정합니다.

이렇게 내가 하고자 하는 말을 문서의 구성 요소로 준비한 뒤 익숙한 단어를 제목으로 붙인다면 (반드시 이런 단어들로 제목을 정할 필요는 없습니다만) 각각 '배경', '목적', '제안사항' 정도가 될 수 있겠습니다. 만약 이 대화를 '제안서에 반드시 필요한 구성 요소는 배경, 목적, 기대 효과, 결론이다'와 같은 법칙을 생각해서 거기에 내용을 채우는 순서로 말했다면 매우 어색한 대화가 되었겠죠?

그동안 문서의 구성 요소 선정을 어렵게 생각했다면 분명 '제안서/기획서/보고서에는 이런 구성 요소를 넣어야겠지'를 먼저 생각하고 자료를 집어넣어 장과 장을 이어 보려고 했을 거예요. 하지만 올바른 순서는 오히려 그 반대입니다. 문서를 통해 할 말을 먼저 생각하고 말을 구성할 수 있도록 자료를 나열해서 각각의 제목을 붙이는 거죠. 내가 전하고자 하는 메시지를 먼저 생각한다면 문서에 어떤 자료를 넣고 어떤 자료를 빼야 할지의 판단은 매우 쉬워집니다.

💬 내가 회사에서 이런 미션을 받았다면?

구성 요소를 결정하는 방법을 다시 한번 3장에서 연습했던 세 가지 상황을 놓고 직접 생각해 보겠습니다.

> ### <상황 1> 내가 회사에서 이 미션을 받았다면?
> 작년 대비 상반기 매출이 하락했다. 하반기 매출 상승을 위해 수영복 카테고리 20% 할인 쿠폰을 무제한으로 제공하는 긴급 프로모션을 준비하기로 했다.
>
> 마라님, 프로모션 기획안 정리해 주세요. 쿠폰을 무제한으로 지급하는 기능이 현재는 없어서 개발팀에서 리뷰가 필요하겠어요.

〈상황 1〉은 개발팀에게 말을 하기 위해 '수영복 카테고리 프로모션 기획안'이라는 기획안을 작성해야 하는 상황이었습니다. 그리고 우리가 개발팀에게 이 기획안을 통해 하고 싶은 말은 '개발팀 여러분~ 우리 회사 상반기 매출이 많이 떨어져서요. 이런 이벤트를 통해 매출 방어를 하려고 합니다. 개발이 필요한 요소들이 있는데 00일까지 이거 해 줄 수 있을까요?'라는 메시지였어요. 이 말만 전할 수 있다면 성공적인 문서가 될 겁니다. 그렇다면 이 말을 전할 수 있게끔 메시지로부터 구성 요소를 뽑아냅니다.

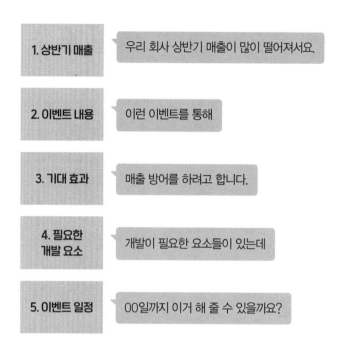

1. 상반기 매출	우리 회사 상반기 매출이 많이 떨어져서요.
2. 이벤트 내용	이런 이벤트를 통해
3. 기대 효과	매출 방어를 하려고 합니다.
4. 필요한 개발 요소	개발이 필요한 요소들이 있는데
5. 이벤트 일정	00일까지 이거 해 줄 수 있을까요?

1 '우리 회사 상반기 매출이 많이 떨어져서요.': 상반기 매출 자료가 필요하겠죠. 많이 떨어졌다는 이야기를 할 수 있게끔 작년 상반기 매출 얼마에서 올해 상반기 매출 얼마로 떨어졌는지 말할 수 있을 정도의 자료가 필요합니다.

2 '이런 이벤트를 통해': 어떤 이벤트를 어떻게 할 것인지 설명이 필요합니다. 여러분이 '기획안'이라고 생각했을 때 떠올렸던 이벤트 기획 내용을 준비해 주는 겁니다.

3 '매출 방어를 하려고 합니다.': 이 이벤트를 통해 얼마나 매출 방어를 할 수 있을지를 보여 주기 위해 예상 매출이나 기대 효과가 필요합니다. 참고 자료가 있다면 간략히 정리하고 없다면 이벤트를 통해 예상되는 수영복 카테고리 판매 금액을 산출해서 하나의 구성 요소로 넣어야겠습니다.

4 **'개발이 필요한 요소들이 있는데'**: 결국 전하고자 하는 말은 개발이 필요한 부분이 있다는 언급이죠. 필요한 개발 요소가 여러 페이지에 흩어지지 않도록 하나의 구성 요소로 상세하게 정리합니다.

5 **'00일까지 이거 해 줄 수 있을까요?'**: 일정 역시 중요한 사항이므로 강조해서 써 줍니다.

만약 처음에 프로모션 기획안 미션을 받았을 때 메시지를 생각하지 않고 '프로모션 기획안'이라는 제목에 현혹되어 예상되는 구성 요소들을 준비해서 넣었다면 어땠을까요? '기획안이니까 이벤트를 어떻게 할 건지 기획 내용을 상세히 적어야겠다.'라고 생각했다면 '이벤트 내용'이나 '이벤트 일정'을 문서에 넣고 마지막에 '필요한 개발 요소'까지는 따로 정리하더라도 상반기 매출이나 기대 효과와 같은 구성 요소는 빠졌을 수 있습니다.

그렇게 만들어진 '프로모션 기획안'은 프로모션 내용이 담긴 그럭저럭한 기획안은 될 수 있었겠지만 개발팀으로부터 "꼭 해야 하나요?", "이거 급한 이슈인가요?", "이거 하면 얼마나 매출 얼마나 오르는데요?"와 같은 질문을 받게 되는 설득력 없는 문서가 될 수밖에 없는 거죠.

Q. 구성 요소를 뽑으려면 메시지를 미리 생각해야 할 것 같은데요. 또 메시지를 생각하려면 어느 정도 구성 요소가 정해져 있어야 할 것도 같고요. 메시지를 어느 단계에서 생각하시나요?

A. 메시지를 언제 생각해야 하는지에 대한 질문을 많이 받습니다. 즉, 구성 요소를 준비하기 위해서 메시지를 먼저 생각해야 하는지 혹은 대략적인 자료를 모두 준비하고 난 뒤 메시지를 생각하며 보완하는 것인지 말이죠.

답변을 드리기 위해 곰곰히 생각해 보면 (물론 내용이 길이나 이미 가진 자료의 양에 따라 다르지만) 보통은 아주 핵심이 되는 자료를 먼저 준비하고 문서 작성을 시작하기 직전에 매끄러운 말이 되도록 메시지를 생각해서, 핵심이 되는 자료 외 다른 구성 요소가 필요하다면 더 보완하는 식입니다. 기준이 되는 내용이 있어야 앞뒤 말을 매끄럽게 붙이니까요!

예를 들어 '파트너사 심사 프로세스 변경안'이라는 문서를 작성해야 한다면 우선 변경될 심사 프로세스를 먼저 정리하거나 관련 자료를 준비합니다. 그리고는 실제 빈 문서를 열고 작성을 시작해야 할 때, 그때 프로세스 변경안을 통해 말해야 할 메시지를 매끄럽게 생각해 봅니다.

"여러분, 현재 심사하는 데 리소스가 너무 많이 들어서, 1회라도 거래 경험이 있는 파트너사 검수는 스킵하려 합니다. 스킵한 파트너사 소재에 문제가 생길 경우는 후 조치할게요. 7월 1일부터 바로 적용할 예정입니다. 기억해 주세요~!" 이렇게 심사 프로세스가 변경된다는 내용을 매끄러운 대화로 전하려면 '심사 리소스가 너무 많이 든다는 말을 하기 위해 리소스 관련 지표가 추가로 필요하겠다.' 혹은 '7월 1일에 적용한다는 이야기를 맨 뒤에 크게 한 구성으로 넣어 줘야겠구나.'라고 메시지를 기준으로 판단해서 없는 자료는 추가로 구하고 강조할 구성은 더 강조하는 식으로 작업합니다.

그렇다면 동일한 상황에 동일한 제목의 문서였던 〈상황2〉에서는 문서의 구성 요소가 무엇일까요?

〈상황 2〉 내가 회사에서 이 미션을 받았다면?
작년 대비 상반기 매출이 하락했다. 하반기 매출 상승을 위해 수영복 카테고리 20% 할인 쿠폰을 무제한으로 제공하는 긴급 프로모션을 준비하기로 했다.

 CS팀에게도 프로모션 기획안 전달해 주세요. 수영복 카테고리 파트너사들에게 문의가 많이 올 거예요.

〈상황 2〉에서 CS팀에게 프로모션 기획안을 전달함으로써 말하고 싶었던 메시지는 "CS팀 여러분~ 우리 00일부터 이런 이벤트를 할 예정입니다. 수영복 카테고리 파트너사에서 문의가 오면 잘 응대 부탁드려요."라는 말이었습니다. 그렇다면 역시 내가 전달하고자 하는 메시지가 전달될 수 있게끔 구성 요소를 뽑아냅니다.

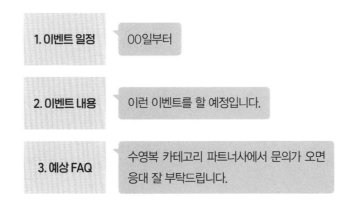

1 '00일부터': 이벤트 일정이 들어가고,

2 '이런 이벤트를 할 예정입니다.': 어떤 이벤트를 어떻게 진행할지, 이벤트의 상세 내용을 준비해 줍니다.

3 '수영복 카테고리 파트너사에서 문의가 오면 응대 잘 부탁드립니다.': 결국 CS팀에게 내가 하고 싶은 이야기인 응대를 잘해 달라는 요청을 전하기 위해서 예상되는 질문과 적절한 답변을 준비할 수 있겠습니다.

이번에도 마찬가지로 만약 메시지를 생각하지 않고 '이벤트 기획안'의 내용을 이벤트 일정과 이벤트 내용으로만 채워 전달했다면 어땠을까요?

'안녕하세요. 기획팀 김마라입니다. 7월 1일부터 이러이러한 이벤트를 진행할 예정입니다.'라고만 말하고 끝나는 카톡과 같죠. 그렇다면 상대방은 눈에 물음표를 띄운 채 '아 네… 기획팀 고생이 많으시네요.'라는 답변을 하고 끝나 버립니다. 내가 정작 CS팀에게 말하고 싶은 내용은 응대를 잘해 달라는 말인데도 불구하고 말이죠.

마지막으로 〈상황 3〉의 구성 요소는 어떻게 정해야 할까요.

〈상황 3〉 내가 회사에서 이 미션을 받았다면?
코엑스에 팝업스토어를 열어 20대를 타겟으로 브랜드 홍보 부스를 열기로 했다. 최근 트렌드가 '뉴트로'이기에 팝업스토어의 컨셉을 '8090 감성의 뉴트로'로 하고자 한다.

 코엑스 팝업스토어 일정이 얼마 안 남았네요. 이번엔 마라님이 컨셉 한번 잡아 보세요.

제안서를 열심히 만들어 팀장님에게 전달하고자 하는 메시지를 축약해 보자면 아래의 한마디였습니다.

"팀장님, 최근 동향을 살펴보면 20대들한테 뉴트로가 정말 핫해요. 주 타겟인 20대에 맞춰 이번 팝업스토어 컨셉을 뉴트로로 이렇게 하면, 목표 인원 달성은 물론이고 SNS 바이럴도 활발히 이룰 수 있을 것이라 생각합니다."

이번에는 내가 전하고자 하는 말을 성공적으로 전하기 위해 준비해야 할 구성 요소를 직접 생각해 보겠습니다.

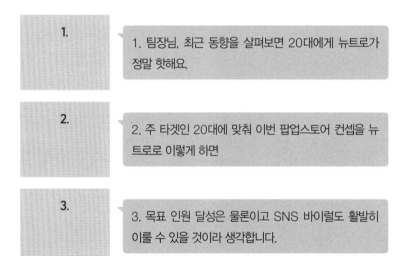

전에 비해 문서의 구성 요소가 빠르게 떠오르나요? 〈상황 3〉의 경우에도 역시 '제안서에 반드시 들어가야 하는 구성 요소'들을 생각하는 것이 아니라 내가 하고자 하는 말이 전해지도록 구성 요소를 준비합니다.

1 **'최근 동향을 살펴보면 20대에게 뉴트로가 정말 핫해요.'**: 20대들에게 뉴트로가 핫하다는 말을 믿을 수 있을 만큼 최근 어떤 뉴트로 컨셉의 유행이 있고, 20대들의 반응이 어떤지 최신 동향 자료를 정리해야 합니다.

2 **'주 타겟인 20대에 맞춰 이번 팝업스토어 컨셉을 뉴트로로 이렇게 하면'**: 팝업 스토어를 어떻게 기획하고 준비할 것인지 상세한 컨셉안을 준비합니다.

3 **'목표 인원 달성은 물론이고 SNS 바이럴도 활발히 이룰 수 있을 것이라 생각합니다.'**: 예를 들면 대학생 방학 시작 시점과 맞물리면서 1일 방문 인원이 최소 1500명은 달성할 것으로 예상된다거나, 포토존을 통해 자연스럽게 SNS 추가 홍보가 될 거라는 내용 등 기대 효과를 한 꼭지로 준비해 줘야 합니다. 만약 내가 하고 싶은 메시지가 '최대 매출을 갱신할 수 있을 것으로 기대됩니다' 라면 예상 매출액을 산정해서 준비해야겠죠.

'배경', '목적', '본론', '결론', '시사점'과 같이 어디선가 많이 들어본 구성 요소들에 내용을 끼워 넣다 보면 스스로 보기에도 매끄럽지 않고 어색한 문서가 되어 '무엇을 더 추가해야 하지?', '무엇을 빼야 하지?' 하며 갸우뚱하게 됩니다. 구성 요소란 꼭 특정한 한 단어로 규정되어야 하는 것이 아니에요. 내가 전하고자 하는 말을 구성하는 것, 그것이 문서의 구성 요소일 뿐이죠.

개요	배경	목적	결론

▲ 문서의 구성 요소는 반드시 이런 단어들로 규정되어야 하는 것이 아닙니다.

오늘 하고 싶은 이야기는,	현재 우리의 모습	변화될 모습	꼭 필요한 사항

▲ 내가 전하고 싶은 이야기를 전달할 수 있도록 구성하면 그것이 구성 요소입니다.

실무를 떠올리며 생각해 보세요.

1. 여러분이 최근 회사에서 받았던 문서 미션은 무엇인가요? 누구에게 무슨 메시지를 전하고자 하는 문서인가요?

To: _____

Message: _____

_____

2. 메시지로부터 구성 요소를 뽑아 볼까요?

💬 문서의 구성 요소를 판단하는 기준

문서를 작성하기 전에 내가 누구(To)에게 어떤 메시지(Message)를 전하고자 하는지를 먼저 생각했고, 그 메시지로부터 문서를 구성할 큼지막한 구성 요소들을 뽑아냈습니다. 가지고 있지 않은 자료가 구성 요소 한 꼭지로 있다면 빠르게 자료를 보완하기도 하고요.

이때, 메시지로부터 구성 요소를 선정했지만 그럼에도 불구하고 문서를 작성하면서 '이 구성 요소를 넣는 것이 맞나?', '이 구성 요소를 빼야 하나?' 하는 고민이 든다면 무엇을 판단의 기준으로 삼아야 할까요?

문서에 꼭 넣어야 하는 구성 요소, 혹은 반대로 넣으면 안 되는 구성 요소가 법칙처럼 정해진 게 아니기 때문에 문서의 구성이 고민된다면 문서를 보는 상대방을 기준으로 삼아 고민합니다.

1. 상대가 무엇을 궁금해 할까? = 이 구성 요소를 추가할까, 뺄까?

문서를 듣거나 보는 사람이 누군지 알면 우리는 그 사람이 무엇을 궁금해 할지도 대략적으로 예상할 수 있습니다. 듣는 사람이 궁금해 할 내용이라면 문서에 넣고, 그렇지 않다면 문서에서 빼겠다고 판단할 수 있을 겁니다.

예를 들어 오프라인 마케팅 기획안을 작성하는 상황이라고 가정해 보겠습니다. 기획안의 승낙 여부를 결정하는 본부장님에게 문서를 보내는 경우라면 '오프라인 마케팅의 예상 성과는 어떠할지?', '행사가 잘 진행될지?', '현장 설치 비용은 얼마인지?'를 가장 궁금해 하리라고 예측할 수 있습니다.

> **예) 오프라인 마케팅 기획안**
>
> 본부장님에게 승인을 요청하는 경우
>
> – 예상 성과는 어떨 것 같아요? 행사가 잘 진행될까요? = 예상 성과
>
> – 현장 설치 비용은 얼마나 드나요? = 상세 비용

하지만 현장 운영팀 담당자에게 오프라인 마케팅 기획안을 보여 준다면 어떨까요? 그분들도 행사에 사람이 얼마나 몰릴지 관심이 있다는 점에서 예상 성과를 궁금해 할 수 있겠습니다만, 현장에서 행사를 진행하는 입장에서는 현장 설치 비용은 직접적인 관심사가 아닐 것 같습니다. (상황을 가정한 것일 뿐이며 모든 현장 운영팀이 비용과 무관하다는 얘기는 아닙니다.)

현장 운영팀이라면 무엇보다 '현장에서 방문자를 대상으로 반드시 추천해야 할 체험 이벤트가 있을지?', '1인 2회 이벤트 참여는 불가한지?'와 같은 주의사항이 가장 궁금할 것 같다는 예상이 되죠. 그렇다면 현장 비용 자료는 구성 요소에서 제외하고 상대방이 가장 궁금해 할 '운영상의 주의사항'을 추가합니다.

> 예) 오프라인 마케팅 기획안
>
> 현장 운영팀에 공유하는 경우
>
> − 예상 인원은 어떨까요? = 예상 성과(인원)
>
> − 현장 설치 비용은 얼마나 드나요?
>
> − 현장 운영 중 반드시 강조해야 할 것이나 조심해야 할 사항은?
>   = 운영상의 주의사항

2. 듣는 사람이 얼마나 알고 있을까? = 이 설명을 추가할까, 뺄까?

문서에서는 쓸데없는 글 한 줄만 더해져도 지저분한 문서가 되고 필요한 한 줄이 빠지면 깡통 같은 문서가 됩니다. 설명을 더 써야 할지 말지 판단할 두 번째 기준은 '상대방이 얼마나 알고 있는가?'를 생각하는 것입니다.

우리는 누군가와 대화를 할 때 익숙하게 상대방의 배경 지식을 생각하고 말합니다. 가령 팀장님이 발표 자료를 볼 때 지표 출처를 깐깐하게 확인하는 타입인 경우를 가정하자면, 같은 팀 동료끼리 이 주제에 대해 얘기할 때 "아시잖아요. 지표 출처 꼭 확인해야 하는 거."라고만 말해도 무슨 말인지 알겠죠. 하지만 회사 밖 친구에게 말한다면 "우리 팀장님은 지표 출처에 굉장히 민감한 타입이야. 그래서 이번 발표 자료에도 지표 출처가 적혀 있는지부터 봤다니까."라고 상대방이 알지 못하는 정보를 자연스럽게 추가합니다.

문서에서도 역시 동일합니다. 내가 문서를 통해 말을 건네려는 상대가 어느 정도까지 알고 있는지, 내가 이렇게만 말하면 충분히 이해할 수 있을지 반드시 상대방 입장에서 생각해야 하죠.

예를 들어 프로모션 결과 보고서를 쓴다고 가정해 볼게요. 팀장님에게 다음과 같이 보고했습니다.

"이번 프로모션 메인 배너의 CTR(클릭률)이 3.3%의 높은 결과를 보였습니다."

이렇게 말했다면 팀장님은 지난 프로모션의 성적이나 메인 배너의 평균 CTR(클릭률)이 어느 정도인지 빠삭하게 알고 계시기에 'CTR 3.3%의 높은 결과'라는 말만으로도 내가 전하고자 하는 바를 충분히 전할 수 있을 것 같습니다.

> **예) 프로모션 결과 보고서**
> 팀장님에게 보고하는 경우
> – 메인 배너 CTR 3.3%의 높은 결과를 보임

하지만 이 결과 보고서를 유관 부서에 공유한다면 어떨까요? 유관 부서 사람들은 3.3%라는 수치가 얼마나 잘된 성과인지 잘못된 성과인지 가늠할 만한 배경 지식이 없죠.

그렇다면 보고할 내용 바로 아래에 다른 프로모션 혹은 이전 케이스 등의 평균 CTR 수치를 한 줄 더해 줍니다. 설명 한 줄만 더하면 상대방에게 3.3%의 성과가 어떤 의미인지 잘 전달될 것 같습니다.

> **(예) 프로모션 결과 보고서**
>
> 유관 부서에 공유하는 경우
>
> – 메인 배너 CTR(클릭률) 3.3%의 높은 결과를 보임
>
>   (이전 프로모션 CTR: 0.1~0.9%)

    회사에서 '저 사람은 커뮤니케이션 참 잘한다'라고 생각했던 사람을 머릿속에 한번 떠올려 보세요. 그 사람이 커뮤니케이션에 강점이 있다고 생각했던 이유를 구체적으로 생각해 보면 말투나 목소리가 좋다거나 자기 주장을 잘하는 것보다는 대화 상대방인 나를 배려하며 대화할 줄 아는 경우가 많습니다. 즉, 본인 입장에서만 이야기를 나열하지 않고 상대가 궁금해 할 만한 이야기를 콕 찝어 아주 명료하게, 이해하기 쉽게 말해 주는 능력이 있는 것이죠.

    대화를 할 때는 당연하게 적용했던 것들을 문서를 작성할 땐 떠올리지 못하곤 합니다. 내가 작성하는 문서는 반드시 보는 사람이 있는데도 불구하고 말이죠. 문서에서 구성 요소가 고민될 때는 상대방을 떠올리고 상대방의 입장에서 내 문서가 어떻게 읽힐지 고민해야 한다는 것을 잊지 마세요.

💬 제목은 같아도 내용은 완전히 다를 수 있습니다

〈상황 1〉과 〈상황 2〉는 '수영복 카테고리 프로모션 기획안'이라는 동일한 문서 제목이었습니다. 〈상황 1〉에서 팀장님의 미션은 개발팀 리뷰를 위해 기획안을 정리하라는 것이었죠.

"프로모션 기획안 정리해 주세요. 쿠폰을 무제한으로 지급하는 기능이 현재는 없어서 개발팀에 리뷰가 필요하겠어요."라는 미션을 받고 개발팀에게 전할 메시지를 떠올린 뒤 구성 요소를 준비해, 수영복 카테고리 프로모션 기획안을 개발팀에게 잘 전달했습니다.

그리고 다음날 〈상황 2〉와 같이 동일한 프로모션 기획안을 CS팀에게도 전달하라는 미션이 내려졌을 때를 생각해 보죠. "CS팀에게도 프로모션 기획안 전달해 주세요. 수영복 카테고리 파트너사들에게 문의가 많이 올 거예요."라는 팀장님의 미션을 받습니다. 동일한 상황에 동일한 프로모션이지만, 내가 문서를 전할 상대가 다르고 전하고자 하는 메시지가 달라졌죠.

"주말에도 일했어?"라는 친구의 질문에 답했던 카톡을 "주말에 추가근무를 했다면서요?"라고 묻는 팀장님 카톡에 그대로 복사-붙여넣기 해서 전할 수가 없는 것처럼 (아주 무서운 일이 벌어지겠죠.) 문서에서도 상대방이 다르고 그 사람에게 전할 메시지가 다른데도 불구하고 그대로 전한다면 반쪽짜리 커뮤니케이션이 되고 맙니다.

그렇기 때문에 〈상황 2〉에서는 〈상황 1〉의 문서를 그대로 복사-붙여넣기 하더라도 아래와 같이 내용을 바꿔야 할 필요가 있습니다.

상황 1

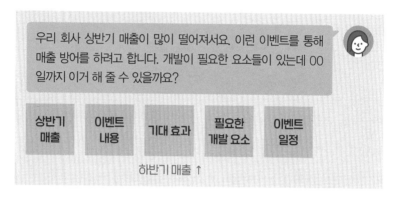

상황 2

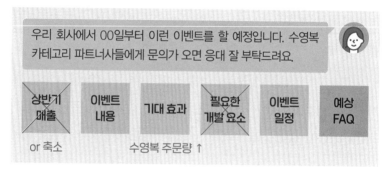

CS팀에게 결론적으로 말하고 싶은 내용은 '이러한 이벤트를 할 것이니, 이벤트 내용을 잘 알고 있다가 수영복 카테고리 파트너사들에게 문의가 오면 응대를 잘 해줘'라는 요청사항입니다.

1 상반기 매출: '우리 회사 매출이 작년 대비 많이 떨어졌다'라는 이야기는 파트너사를 응대할 때 필요한 내용이 아니기 때문에 CS팀에게 핵심만 전달할 때는 그다지 필요하지 않습니다.

만약 매출 관련 내용을 남긴다면 '기대 효과'와 합쳐 CS팀과의 대화의 시작을 여는 말로 '상반기 매출이 작년 대비 하락해서 매출을 상승시키고자 다음과 같은 이벤트를 진행하고자 합니다.'라는 한 문장으로 축소해서 남길 수는 있겠습니다. 물론 '파트너사들에게는 대외비'라는 말과 함께요.

2 이벤트 내용: CS팀이 수영복 카테고리 파트너사들을 응대하는 데 충분한 배경 지식이 될 수 있도록 어떤 이벤트를 어떻게 진행할지 상세히 전할 필요가 있기에 그대로 둡니다.

3 기대 효과: 개발팀에게는 '이벤트를 통해 하반기 매출을 상승시킬 수 있으니 개발 리소스를 써 달라'는 메시지를 전하기 위함이기 때문에 하반기 예상 매출을 구성 요소로 준비했습니다. 그러나 CS팀에게 전할 때는 이벤트로 인해 수영복 카테고리 매출과 주문량이 많이 상승할 거라는 내용으로 변경해야 더 매끄러울 것 같습니다.

4 필요한 개발 요소: CS팀에게는 불필요한 장표이니 삭제합니다.

5 이벤트 일정: 이것도 CS팀이 반드시 인지해야 할 정보이니 그대로 유지하고요.

6 예상 FAQ: 메시지에 맞게 구성 요소를 추가합니다. 제가 CS팀에 전달하고 싶은 메시지는 '신규 이벤트와 관련해 수영복 카테고리 파트너사들에게 잘 응대해 달라'는 얘기였죠. CS팀이라면 파트너사들이 이벤트에 대해 무엇을 물어볼지, 그리고 여기에 어떤 답변을 해 줘야 할지 궁금해 할 겁니다. 그러니 이벤트 관련 예상 질문과 답변을 마련하여 문서를 다듬어야 하는 거죠.

한 가지 슬픈 이야기를 전하려고 합니다. 지금 이 책을 읽고 있는 모든 독자들이 어떤 회사에 있건 (어디에 이직하더라도) 그 어떤 상사나 사수도 "자, 이 문서는 개발팀에게 보내야 하니까 자료를 이것과 이것 준비해 주고, CS팀에게는 전달하려는 내용이 다르니까 이 구성 요소를 빼고, 대신 FAQ를 준비해 볼까?"라는 식으로 디테일한 보고서 작성 지시를 절대 해 주지 않습니다. 어딘가 성인군자와 같은 상사나 사수가 있을 수도 있지만 매우, 극히, 절대적으로 드뭅니다. 회사는 교육 기관도 아닐 뿐더러 모두 각자 일로 바쁘니까요. 그렇기 때문에 미션에 따라 문서를 어떤 것으로 구성하고 어떻게 작성해야 할지는 스스로 기획하고 판단해야 합니다.

모든 문서를 스스로 기획하고 구성해야 한다는 사실을 전혀 어렵게 생각할 필요가 없습니다. 문서 작성법은 내가 전혀 몰랐던 완전히 새로운 미지의 스킬을 배우는 것이 아니니까요. 지금까지 책에서 말한 것 처럼 상대에게 전할 메시지를 생각하고, 그 메시지를 전할 수 있도록 구성 요소를 준비하면 됩니다. 마치 카톡을 쓰듯이 말이죠.

그동안 스스로를 막막하게 했던 고정관념에서 벗어나 일상에서 쓰는 대화나 카톡과 동일한 방법을 적용하면 된다는 사실만 깨달아도 이전과 전혀 다른 문서 작성을 시작할 수 있게 될 거예요.

현업자의 찐 노하우 Q&A

Q. 문서의 제목에 상관없이 상대와 메시지가 다르면 같은 구성이 전혀 다를 수 있다는 점은 이해했습니다. 하지만 실무에서 한 가지 일로 각기 다른 문서를 쓰자니 시간이 부족합니다. 그런데도 매번 이렇게 상대나 메시지에 따라 문서를 수정하시나요?

A. 바쁘디 바쁜 실무에서 상대방에 따라 모두 새로운 문서를 작성하기가 쉽지는 않죠. 앞에서 살펴본 예시에서는 동일한 제목의 문서지만 각 상대의 입장이 매우 다르거나(가령 내부 직원과 외부 소비자), 상대에게 전달해야 할 메시지가 전혀 다른 경우에 필요한 과정이라고 이해해 주시면 좋겠습니다.

만약 상대는 다르지만 전달할 메시지가 유사하거나, 회사 내부에서 약간의 불편한 커뮤니케이션을 감수해도 무방하다면 완전히 새로운 문서를 만들기보다는 변경된 상대에게 전할 메시지를 빠르게 생각하고 불필요한 구성 요소를 뒷장으로 빼거나, 아예 삭제하는 등 최소한으로 수정해서 전달하기도 합니다.

그렇지 않다면 문서를 그대로 보내되 문서를 통해 전하고 싶은 메시지를 다시 한번 메일이나 카톡으로 코멘트해서 상대가 문서를 이해하기 쉽게 도와주는 편입니다.

예를 들어 문서를 공유한 뒤 '요청드리고 싶은 것은 ~입니다. 첨부된 문서는 공통 가이드인지라 앞뒤 내용은 참고로만 봐주시고, 11page~16page까지가 요청사항과 직접적으로 관련된 내용이니 이 부분 확인 부탁드립니다.' 정도로 메시지를 따로 보내면 좋겠죠.

💬 구성 요소를 문서에 옮기기 전 생각해야 할 포인트

지금까지 문서를 작성하기 전 상대와 메시지를 생각했고, 구성 요소도 확정해서 모든 자료를 다 마련해 두었습니다. 그렇다면 이제 드디어 빈 문서에 각 구성 요소별로 핵심 메시지와 설명/근거, 그리고 시각 자료를 담을 차례입니다.

우리 회사 상반기 매출이 많이 떨어져서요. 이런 이벤트를 통해 매출 방어를 하려고 합니다. 개발이 필요한 요소들이 있는데 OO일까지 이거 해 줄 수 있을까요?

상반기 매출	이벤트 내용	기대 효과	필요한 개발 요소	이벤트 일정
① 핵심 메시지	핵심 메시지	핵심 메시지	핵심 메시지	핵심 메시지
② 설명/근거	설명/근거	설명/근거	설명/근거	설명/근거
③ 시각 자료	시각 자료	시각 자료	시각 자료	시각 자료

핵심 메시지   설명/근거   시각 자료

이것만 알면 돼!   왜? 어떻게?   글보다 빨리
                    궁금한 사람은 읽어 봐.   이해할 수 있어.

1. 핵심 메시지 = 구성 요소에서 전하고자 하는 딱 한마디

회사 문서를 작성할 때 흔히 하는 실수로, 문서에 들어가는 많은 자료를 모두 상대에게 전달하려는 경우가 많습니다. 하지만 너무 많은 걸 전달하려 하면 아무것도 전달되지 않는다는 사실을 기억해야 해요.

예를 들어 코로나로 인해 오프라인 매장이 최저 매출을 기록했다는 보고를 하기 위해 2019년 1월부터 2020년 2월 사이의 매출 자료를 준비하는 경우를 생각해 볼게요. 이때 지금까지의 월별 매출을 모두 전하려고 한다면 상대방은 봐야 할 내용이 너무 많아 오히려 더 인지하기 어려울 겁니다. 대신 장에서 말하려는 핵심 메시지 '코로나19로 인해 오프라인 매장이 오픈 이래 최저 매출을 기록했습니다.'라는 이 말 한마디만 머리에 들어오게 해 주면 충분한 거죠.

구성 요소에 따라 1장일 수도 있고, 10장일 수도 있습니다. 한 장에서 한마디씩만 전해도 구성 요소의 핵심 메시지를 상대에게 인지시킬 수 있고, 구성 요소의 핵심 메시지가 인지되면 결과적으로 우리가 문서에서 전하려는 메시지를 전달할 수 있게 되는 거죠.

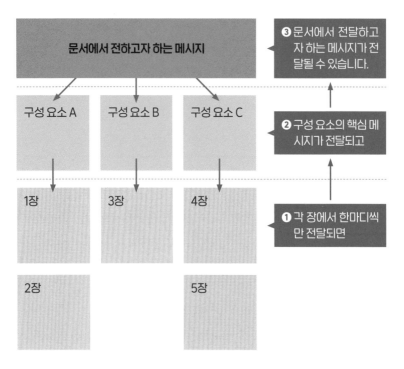

각 장의 한마디가 모여 구성 요소의 핵심 메시지가 되고 구성 요소별 핵심 메시지가 모여 결국 문서에서 전하고자 하는 메시지가 전달됩니다.

2. 설명/근거 = "왜? 어떻게?"라는 질문에 답변할 수 있는 부가 설명

구성 요소의 핵심 메시지를 생각했다면 이 메시지에 대한 설명이나 근거가 뒷받침되어야 합니다. 핵심 메시지를 보고 "왜?" 혹은 "어떻게?" 와 같은 질문이 떠오르는 사람에게는 궁금하면 읽을 수 있도록 미리 답변을 마련해 두는 거죠.

앞의 예시에서 '매출 현황'이라는 구성 요소의 핵심 메시지는 '코로나19로 인해 오프라인 매장이 오픈 이래 최저 매출을 기록했습니다.'였습니다. 이걸 보고 '왜 매출이 떨어졌지?', '매출 감소액이 얼마나 되지?' 와 같은 궁금증이 생기는 사람을 위해 '어떻게냐면요, 코로나19가 시작된 시점인 2020년 2월 매출은 12억인데요. 지난달 매출 대비 35억이나 감소해서 2019년 1월 오프라인 매장 오픈 이후 최악의 월 매출입니다.'와 같은 상세한 설명과 지표를 준비해 줍니다.

이때 주의할 점은 설명/근거의 모든 내용을 강조하거나 인지시킬 필요가 없다는 겁니다. 설명/근거는 궁금한 사람이 읽을 수 있도록 존재할 뿐, 우리는 핵심 메시지만 전달해도 충분합니다.

3. 시각 자료 = 핵심 메시지를 더 빠르게 이해시킬 수 있는 자료

시각 자료는 텍스트보다도 더 빠르게 내용을 이해시킬 수 있는 중요한 도구입니다. 간혹 핵심 메시지를 눈에 띄게 큰 텍스트로 적어 놔도 이미지만 훑어보고 넘어가는 사람도 있죠. 그렇기 때문에 구색만 맞추려고 그려 넣은 도형이나 표, 이미지는 오히려 상대방이 내용을 이해하는 데 방해하는 요소가 되고 맙니다.

시각 자료는 핵심 메시지의 주요 키워드를 보여 줄 수 있다면 도형, 그래프, 표, 이미지 어떤 것이든 상관없습니다. 가령 핵심 메시지가 '코로나19로 인해 오프라인 매장이 오픈 이래 최저 매출을 기록했습니다.'라고 할 때 #코로나19, #오프라인 매출, #최저 매출과 같은 주요 키워드를 시각 자료에서 눈에 띄게 볼 수 있다면 '아, 이 장에서는 코로나19로 오프라인 매출이 떨어졌다는 걸 말하려는 거구나' 하고 빠르게 이해할 수 있게 되는 거죠.

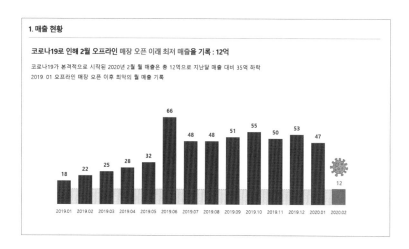

1. 매출 현황

코로나19로 인해 2월 오프라인 매장 오픈 이래 최저 매출을 기록 : 12억

코로나19가 본격적으로 시작된 2020년 2월 월 매출은 총 12억으로 지난달 매출 대비 35억 하락
2019. 01 오프라인 매장 오픈 이후 최악의 월 매출 기록

2019.01	2019.02	2019.03	2019.04	2019.05	2019.06	2019.07	2019.08	2019.09	2019.10	2019.11	2019.12	2020.01	2020.02
18	22	25	28	32	66	48	48	51	55	50	53	47	12

　이렇게 구성 요소를 문서에 담을 때는 준비한 많은 자료를 집어 넣는 데 그치기보다는 한 장, 하나의 구성 요소별 한마디씩만 인지시킬 수 있어도 성공적이라는 점을 꼭 유념해야 합니다. 설명/근거와 시각 자료는 그저 궁금한 사람이 읽거나 보조해 주는 역할일 뿐이라는 점도요.

　다시 한번 실무에 적합한 예시를 들어 보겠습니다. 팀장님이 저에게 이런 미션을 주었다고 해 볼게요.

　"마라님, 최근 콘텐츠 서비스 시장 리서치 부탁드릴게요."

　"넵!" 하고 자신 있게 대답한 뒤 며칠을 열심히 서칭해서 최근 콘텐츠 서비스 시장 동향을 파악했습니다. 그렇다면 문서에 담기 전에, 말로 보고한다고 생각하고 메시지를 먼저 생각해 봐야겠죠.

　"팀장님, 최근 콘텐츠 서비스 동향을 살펴보니 가장 큰 특징은 멤버십 혜택인데요. A, B, C 사가 타겟에 맞게 조금씩 다른 전략을 취하고 있더라고요. 소비자 반응이 그에 따라 갈리고 있다는 점이 흥미로운 포인트입니다."라는 메시지를 팀장님에게 전달하고자 합니다.

그럼 메시지로부터 구성 요소를 뽑아냅니다.

1 "최근 콘텐츠 서비스 동향을 살펴보니 가장 큰 특징은 멤버십 혜택인데요."
= 최신 동향

2 "A, B, C 사가 타겟에 맞게 조금씩 다른 전략을 취하고 있더라고요."
= 서비스 비교

3 "소비자 반응이 그에 따라 갈리고 있다는 점이 흥미로운 포인트입니다."
= 소비자 반응

이렇게 세 가지 구성 요소를 생각하고 필요한 내용을 정리했습니다. 그러고 나서 문서에 담을 텐데요. 이 중 2. '서비스 비교'의 장을 다음과 같이 만들었다고 가정해 보겠습니다.

어떤가요? 양질의 정보를 잘 수집했고 A, B, C 3사의 서비스를 깔끔하게 한 문장으로 정리해 비교했으니깐 이 정도면 잘 쓴 문서일까요? 하지만 이렇게 문서에 담을 경우 나는 열심히 문서를 작성했는데 아무도 내 문서에 담긴 내용을 기억하지 못하거나 되묻는 상황이 발생하게 됩니다. 왜일까요?

3사의 상세한 서비스 비교는 물론 중요한 내용입니다. 하지만 '서비스 비교'라는 구성 요소에서 전하고자 하는 핵심 메시지가 '3사가 각각 다른 전략을 취하고 있다'라고 할 때 위 문서에서는 3줄을 모두 읽어야만 그 핵심 메시지를 알 수 있죠.

다음과 같이 핵심 메시지 한 줄을 적었다면 어땠을까요?

A,B,C 서비스 비교

멤버쉽을 핵심으로 하여 3사 주요 타겟별 다른 전략을 취함 = A사 정기 구독 / B사 멤버쉽별 콘텐츠 / C사 카드 등록 필수

A사 : 지난 10월을 기점으로 콘텐츠 개별 구매 방식에서 정기 구독 결제 모델로 변경. 변경 전 대비 15% 매출 증가

B사 : 2020년 3월부터 별도 법인으로 분리될 예정. 1월부터 기존 1개의 멤버쉽을 3개로 변경, 각 멤버십 단계별로 콘텐츠 차등 적용

C사 : 1월부터 카드 등록을 필수로 하는 정기 결제 멤버십 서비스로 변경

3사의 서비스가 타겟에 따라 다르다는 점을 즉시 인지할 수 있겠죠? 자세히 읽지 않고 핵심 메시지만 봐도 3사가 다르다는 것과, 어떤 차이가 있는지 힌트도 얻을 수 있습니다. 만약 '왜?' 혹은 '어떻게?'라는 의문

을 가지고 더 자세히 알고 싶은 사람들이 볼 수 있도록 상세한 설명/근거도 갖추었죠. 그리고 시각 자료에서도 핵심 메시지의 주요 키워드인 #타겟별, #차이를 인지할 수 있도록 표현해 주면 되겠습니다.

〈상황 1〉을 예시로 핵심 메시지, 설명/근거, 시각 자료를 생각하는 과정을 한 번 더 연습해 보겠습니다. 개발팀에게 전하고자 하는 메시지는 "개발팀 여러분~ 우리 회사 상반기 매출이 많이 떨어져서요. 이런 이벤트를 통해 매출 방어를 하려고 합니다. 개발이 필요한 요소들이 있는데 00일까지 해 줄 수 있을까요?"라는 말이었죠. 그 말을 전할 수 있도록 구성 요소도 다음과 같이 준비했습니다.

1 '상반기 매출'에는 중요한 숫자를 담은 그래프, 표 등 보여 줄 자료가 많겠죠. 하지만 상반기 매출을 보여 줌으로써 전달하려는 핵심 메시지는 딱 한마디, '상반기 매출이 많이 떨어졌다'라는 말입니다. 그 핵심 메시지에 '왜?', '어떻게?'라는 질문에 답할 수 있는 설명/근거를 미리 준비하자면 매출 하락의 원인과 구체적인 수치를 더 상세히 설명할 수 있겠습니다. 그리고 시각 자료로는 매출 그래프를 준비하고 하락세가 잘 보이도록 화살표 등으로 핵심 메시지를 설명해 준다면 빠르게 이해가 가능할 것 같습니다.

핵심 메시지	상반기 매출이 작년 대비 15%나 떨어졌어요.
설명/근거	작년 상반기 매출은 월 평균 11억 원이었는데, 올해 상반기는 평균 9.3억 원입니다. 올해 상반기 경쟁 서비스 출시 및 경쟁사의 공격적인 마케팅으로 소비자가 분산된 탓인 것으로 분석됩니다.
시각 자료	매출 그래프 + 하락하는 화살표

2 '이벤트 내용' 역시 어떤 컨셉으로 어떻게 이벤트를 진행할지 많은 자료들이 마련되어 있을 겁니다. 하지만 그 상세한 내용들을 통해 인지시키려는 핵심 메시지는 '수영복 카테고리 20% 할인 쿠폰을 무제한으로 지급하는 이벤트를 진행한다'라는 한마디죠. 누군가 '왜? 어떻게?'라고 궁금해 할 수 있으니 왜 이 이벤트를 하려고 하는지, 어떻게 이벤트를 진행할지 상세하게 기재합니다.

핵심 메시지	수영복 카테고리 20% 할인 쿠폰을 무제한으로 지급하는 이벤트를 할 겁니다.
설명/근거	수영복은 여름 시즌에 가장 판매가 활발해지는 카테고리입니다. 쿠폰 무제한 지급이라는 파격적인 조건으로 1회성이 아닌 지속 방문을 유도할 수 있으리라 예상됩니다. 상세 이벤트 내용은 다음과 같습니다.
시각 자료	'수영복', '20% 할인 쿠폰', '무제한'을 강조한 자료

3 '기대 효과'에서도 결국 전하고자 하는 한마디는 '이 이벤트를 진행하면 매출이 얼만큼 오를 것이다'라는 긍정적인 예상의 말입니다. 여기서도 '왜? 어떻게?'라고 누군가 궁금해 하는 경우 확인할 수 있도록 왜, 어떻게 해서 그 정도의 상승을 예상하는지 근거를 적어 줍니다. 시각 자료로는 매출이 오를 것이라는 핵심 메시지를 표현할 수 있는 상승 그래프를 마련하면 빠르게 이해가 되겠죠?

핵심 메시지	이벤트를 통해 7월 매출이 상반기 대비 20% 상승할 것으로 예상합니다.
설명/근거	지난 할인 프로모션의 결과를 참고하면 활성 유저의 50%가 쿠폰을 통해 평균 6만 원 결제했고, 휴면 고객의 20%가 쿠폰을 통해 평균 3만 원 결제했습니다. 이를 근거로 수영복 카테고리 이벤트를 통해 월 13억 원의 매출을 기대할 수 있습니다.
시각 자료	매출 그래프 상승 곡선

4 '필요한 개발 요소'에서 전달할 한마디는 '쿠폰을 무제한으로 지급하는 기능을 개발해 달라'입니다. 만약 '왜? 어떻게?'라고 질문한다면 답할 수 있도록 현재는 ID 1개당 1회만 쿠폰 버튼이 활성화된다거나, 어떻게 개발했으면 좋겠는지 상세 스펙을 기재할 수 있겠죠. 시각 자료로는 무제한 쿠폰을 인지시킬 수 있는 이미지나, 구매 페이지에서 해당 기능이 어떻게 보일지 자신이 생각한 모습을 그려 주면 좋겠습니다.

핵심 메시지	쿠폰 무제한 지급 기능 개발이 필요합니다.
설명/근거	현재는 ID 1개당 1회에 한해 쿠폰 버튼이 활성화됩니다. 쿠폰 무제한 기능의 상세 스펙은 다음과 같습니다.
시각 자료	무제한 지급 기능 예시안

5 이벤트 일정의 경우 '7/1 이벤트 오픈 예정!'이라는 한마디만 인지시키면 충분하겠습니다. '왜? 어떻게?'라는 상상의 질문에 미리 답변을 준비하여 여행 성수기가 다가오는 7월에 수영복 구매가 가장 활발하다는 수치 등을 정리해 줄 수 있겠습니다. 시각 자료로는 7월 1일이 얼마나 남았는지를 잘 보여 줄 수 있도록 캘린더를 준비하고요.

핵심 메시지	이벤트는 7/1 오픈 예정입니다.
설명/근거	여행 성수기가 다가오는 7월에 수영복 카테고리 구매량이 가장 활발합니다. 월별 판매량 비교 수치는 다음과 같습니다.
시각 자료	진행 일정 캘린더

만약 개발팀에서 다음과 같이 만들어진 문서를 받고, 아무것도 궁금하지 않아 핵심 메시지만 눈에 담고 빠르게 문서를 넘기면 어떨까요?

핵심 메시지만 캐치하고 문서를 닫아도 하고자 했던 말을 전달하기에 아주 충분하고, 더 자세히 알고 싶은 사람에게 궁금한 부분까지 쏙쏙 담겨 있는 탄탄한 문서의 구성이 됩니다.

현업자의 찐 노하우 Q&A

Q. 파트너사 매출 보고서를 올려야 하는데 마라님 문서처럼 보기 좋게 못 꾸미겠어요. 다음 문서를 어떻게 정리해야 할지 감이 안 오는데 도와주세요.

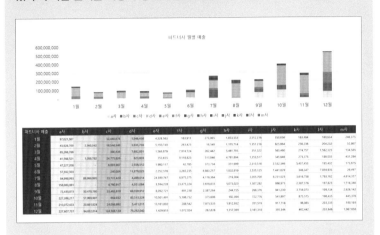

A. 위 문서는 직장 동료의 SOS 요청을 보낸 매출 보고서였습니다. 매출 데이터를 잘 정리했고 그래프도 만들었는데 왠지 모르게 깔끔하지 않고 지표가 잘 보이지 않는다며 도움을 요청했죠. 동료는 디자인 탓이라고 생각하고 있었습니다. 컬러 선택을 잘못해서 문서가 잘 안 보인다고 말이죠. 문서를 보곤 동료에게 물었습니다.

"음… 이 장에서 하고 싶은 이야기가 뭐예요?"

"하고 싶은 이야기요? 이 장에서는… 파트너사 매출이요!"

"아니 아니, 이 파트너사 데이터를 보여 주면서 하려고 하는 딱 한마디요."

동료는 가만히 문서를 보며 잠시 고민한 뒤 말했습니다.

"… 파트너사 매출 데이터 중에서도 TOP4의 매출이 대부분을 차지한다는 것?"

"그래요? 그게 전할 메시지라면 TOP4의 매출 비중이 대부분이라는 그래프를 보여 줘야 할 것 같은데, 이렇게 그래프와 표를 나열하기만 해서는 전달이 안 될 것 같아요."

"아… 그치만 a사부터 m사 데이터까지 다 넣어야 하는데…"

"이번 장에서는 TOP4의 비중이 높다는 말을 전하고 다음 장에 궁금한 사람들 볼 수 있도록 전체 데이터 넣어 두면 되지 않을까요? 한 장에서 한마디만 전달해도 충분해요!"

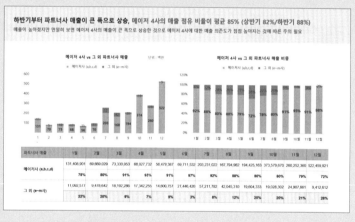

하반기부터 파트너사 매출이 큰 폭으로 상승, 메이저 4사의 매출 점유 비율이 평균 85% (상반기 82%/하반기 88%)
매출이 높아졌지만 면밀히 보면 메이저 4사의 매출이 큰 폭으로 상승한 것으로 메이저 4사에 대한 매출 의존도가 점점 높아지는 것에 따른 주의 필요

Appendix. TOP 1~10 파트너사 월별 매출 데이터

파트너사 매출	a사	b사	c사	d사	e사	f사	g사	h사	i사	j사	k사	l사	m사
1월	97,021,567		32,440,878	1,946,456	4,328,583	163,911	273,065	1,853,553	3,512,316	350,656	183,484	180,634	246,375
2월	43,926,709	2,560,242	19,546,340	3,635,738	5,150,740	263,423	18,348	1,355,714	1,351,218	825,864	256,236	204,232	52,867
3월	65,266,766		380,436	7,682,851	1,568,878	7,974,724	262,442	5,461,793	351,322	583,460	274,757	1,582,325	134,585
4월	41,568,521	1,059,782	24,775,826	623,601	353,635	9,118,823	513,046	4,761,894	1,353,517	345,646	275,375	189,035	431,284
5월	47,227,208		6,693,667	2,558,512	1,980,117	42,795	373,734	351,699	2,513,516	3,532,346	5,437,453	195,432	173,675
6월	57,592,501		240,004	11,879,025	2,252,576	3,265,235	6,883,257	1,832,819	3,535,125	1,441,629	346,347	7,859,935	29,497
7월	84,999,993	88,999,995	23,731,420	4,499,614	24,599,747	6,975,375	4,116,364	219,304	3,055,700	8,231,025	3,614,758	1,783,162	4,614,357
8월	158,083,081		4,760,817	4,951,084	3,594,228	23,475,224	3,616,635	5,073,023	1,307,282	886,973	2,387,576	187,823	1,516,346
9월	72,430,873	30,470,760	23,483,618	68,039,912	8,392,721	491,238	2,387,264	244,155	266,376	941,230	3,756,073	199,134	2,926,142
10월	227,396,217	51,999,597	669,932	93,513,524	10,501,491	5,186,752	375,606	182,394	722,776	541,897	875,575	196,435	445,376
11월	210,072,633	20,681,824	24,086,892	5,411,011	13,161,802	288,542	7,875,535	1,912,932	351,519	917,718	96,085	203,335	100,193
12월	227,807,737	44,832,014	124,568,128	75,252,042	1,429,955	1,072,024	262,626	1,357,399	3,161,318	395,344	462,442	203,846	1,067,658
합계	1,333,393,968	291,604,614	285,377,958	279,999,372	77,312,473	58,318,056	26,958,122	24,606,679	21,481,985	18,993,784	17,968,161	12,985,328	11,738,355

내 문서가 잘 안 보이는 이유는 디자인 탓이 아닙니다. 내가 이 장에서 전하려고 하는 핵심 메시지 한마디만 전해도 충분하다는 것을 간과하기 때문이죠. 구성 요소의 데이터와 자료를 준비해 그대로 화면에 담기만 한다고 문서가 되는 것은 아닙니다. 문서를 담기 전에 반드시 핵심 메시지를 생각하고, 상대방이 궁금해 할 설명/근거와 시각 자료를 고민해서 담아야 하죠.

실무를 떠올리며 생각해 보세요.

1. 여러분이 최근 회사에서 받았던 문서 미션은 무엇인가요? 누구에게 무슨 메시지를 전하고자 하는 문서인가요?

To: _____

Message: _____

_____

2. 메시지로부터 구성 요소를 뽑아 볼까요?

3. 구성 요소별 핵심 메시지, 설명/근거, 시각 자료를 생각해 볼까요?

핵심 메시지, 설명/근거, 시각 자료 각 목적에 맞게 떠올려 보는 것만으로도 완성된 문서가 머릿속에 그려지는 듯할 거예요.

핵심 메시지: _____

설명/근거: _____

시각 자료: _____

핵심 메시지: _____

설명/근거: _____

시각 자료: _____

_____

핵심 메시지: _____

설명/근거: _____

시각 자료: _____

_____

핵심 메시지: _____

설명/근거: _____

시각 자료: _____

5장

매끄러운 문서의 순서는 어떻게 정하는 걸까?

💬 문서를 만들 때 시간이 얼마나 걸리나요?

'보통 문서를 만들 때 시간이 얼마나 걸리나요?'라는 질문을 곧잘 받습니다. 내가 문서를 통해 커뮤니케이션 하려는 상대가 누구인지, 그 사람의 배경 지식이 어느 정도인지, 문서를 통해 전하려는 내용이 얼마나 중대한 일인지 등에 따라 작성 시간은 천차만별입니다. 30분 만에 뚝딱 만들 수도 있고 며칠을 고민할 때도 있어요.

사실 질문한 분은 실제 작업 시간이 궁금하다기보다 문서 작업을 할 때마다 느끼는 막막함 때문에 물어보는 것이겠지요. 그 속뜻을 헤아리자면 이렇게 답변할 수 있겠습니다.

"문서 하나를 만들 때 소요되는 시간을 100이라 한다면, 메시지와 구성 요소를 떠올리고 핵심 메시지 · 설명/근거 · 시각 자료 순으로 담는 작업의 비중은 100에서 30 정도밖에 되지 않아요. 100에서 50의 긴 시간과 열정을 쏟는 단계가 바로 문서의 순서를 정하는 단계이죠. 그리고 남은 20의 시간은 더 나은 가독성을 위해 문서 디자인을 보완하는 데 사용합니다."

30	50	20
메시지를 뽑고 구성 요소 담기	문서의 순서를 정하고 구조를 탄탄하게 보완하기	가독성을 위한 문서 디자인

▲ 문서를 만들 때 드는 시간은 문서마다 상이할 수 밖에 없습니다.
다만 단계별로 공을 들이는 비중이 이 정도라고 이해하면 좋겠습니다.

실무에서 미션을 받으면 자료를 준비한 뒤 빈 문서에 커서를 올리기 전에 매끄러운 메시지를 생각합니다. 그리고 구성 요소별 핵심 메시지 · 설명/근거 · 시각 자료를 메시지의 순서대로 일단 문서에 '때려 붓습니다.' 이때 때려 붓는다는 표현이 맞을 정도로 한 장, 한 장 깊은 고민을 하기보다는 장에서 전할 핵심 메시지만 생각하며 일단 문서에 집어넣습니다. 혹시 메시지가 부족하지는 않을지, 불필요한 구성 요소는 없는지 등을 고민하느라 너무 많은 시간을 쏟지 않죠. 그런 다음 순서를 정하는 단계에서 문서를 검토하며 내용을 더 추가하거나 삭제하거나, 더 쉽게 이해되는 구성으로 끊임없이 보완합니다.

스케치북에 우리 집 약도를 그린다고 가정해 볼까요. 처음부터 작은 골목길 하나 놓치지 않고 그리는 것보다, 우선 큰 도로와 랜드마크부터 그려둔 뒤 대략 구도가 맞는지 확인한 다음에 마지막으로 작은 가게와 골목길을 섬세하게 그려야 지도를 훨씬 더 빠르고 정확하게 만들 수 있죠.

▲ 작은 골목길부터 놓치지 않고 그려 가며 시간을 쏟기보다는
큰 길을 먼저 그린 뒤 골목길을 덧붙이는 게 더 빠르고 정확한 지도를 그리는 방법입니다.

문서를 만들 때도 '아 내가 빠뜨린 구성 요소는 없나… 이거 더 필요하려나?' 하며 찜찜한 마음으로 망설이느라 진도를 못 나가기보다 큰 구성 요소를 먼저 담고 그다음 순서 단계에서 세세한 부분을 보완하면 빠른 시간 내에 탄탄한 문서를 만들 수 있습니다.

💬 잘못된 문서의 순서

"보고서 순서는 서론-본론-결론으로?"

"설득력 있는 기획서는 개요-목적-배경-원인-방안-시사점 순으로 써야 한다던데."

문서에는 정해진, 올바른 나열의 법칙이 있다고 생각하는 경우가 많습니다. 하지만 문서의 순서 역시 구성 요소와 마찬가지로 정해진 법칙이 없죠. 매번 상대에게 전할 메시지가 상이하며, 같은 상대라 하더라도 히스토리나 상황이 때마다 달라질 수밖에 없기에 공통적인 순서에 맞춰 말한다면 불필요한 내용이 가득한 읽기 싫은 문서가 될 수밖에 없습니다.

문서 작성 대신 커뮤니케이션 도구만 바꿔 카톡을 쓴다고 생각해 볼게요. 대형 파트너사가 강성 클레임을 걸어 왔고 그 대응 방안을 긴급히 메신저로 보고하는 상황을 가정해 보죠.

A. 상세 내용을 전혀 모르는 본부장님께 보고하는 상황

본부장님, 안녕하십니까.
파트너사 마라스토어 클레임 관련 긴급 보고 드립니다.

마라스토어는 지난 한 해 저희 회사와의 거래액 상승률 1위를
기록한 파트너사로, 이후 2년 독점 제휴를 논의 중인데요.

시스템 오류로 인해 금요일 2시~6시에 판매가 불가했던 점과
대응이 미숙했던 담당 MD에 대한 강성 클레임으로 오늘 본사
를 방문하셨습니다.

파트너CS팀이 함께 대응 중이며 저희 스토어MD팀은 앞으로의
파트너십을 위해 예외적으로 아래와 같은 보상을 하고자 합니다.
1. 시스템 오류로 인한 미노출 2,000만 원 예외 보상
2. 담당 MD 교체

본래 회사 정책상 금액 보상은 불가하나 마라스토어와의 독점
계약이 이뤄지지 못할 경우 피해액이 20억 원을 넘을 것으로 예
상되어 예외적으로 보상하고자 합니다.

바쁘시겠지만 확인 부탁드립니다.

네, 알겠습니다.

자, 이렇게 급박하게 메신저를 통해 본부장님에게 승인을 얻어 냈습
니다.

이번에는 클레임에 대응해 주었던 파트너CS팀 팀장님께 보상안 결
정 사항을 전달한다고 해 보겠습니다.

B. 파트너CS팀 팀장님께 보고하는 상황

CS팀장님, 안녕하십니까.
파트너사 마라스토어 클레임 대응안 긴급 보고 드립니다.

마라스토어는 지난 한 해 저희 회사와의 거래액 상승률 1위를 기록한 파트너사로, 이후 2년 독점 제휴를 논의 중인데요.

시스템 오류로 인해 금요일 2시~6시에 판매가 불가했던 점과 대응이 미숙했던 담당 MD에 대한 강성 클레임으로 오늘 본사를 방문하셨습니다.

 알아요;;; 그래서요?;;;

파트너CS팀 팀장님의 답변은 충분히 예상 가능한 반응이죠. 뻔히 강성 클레임 상황을 같이 대응하면서 현재 상황을 뻔히 알고 있을 테니까요. 거기에 이미 알 만한 내용을 보고하고 있으니 피식 웃음이 날 정도로 말이 안 되는 커뮤니케이션입니다.

파트너CS팀은 최종 보상안이 어떻게 결정되었는지 궁금할 겁니다. 그런 상황에 '개요-문제 상황-대처 방안-기대 효과' 순으로 법칙에 맞춰 보고한다면 파트너CS팀 팀장님의 인내심은 3초 만에 끊어지고 말겠죠.

커뮤니케이션 수단을 바꿔 이 상황을 카톡이 아닌 문서로 보고했다면 어떨까요. 표지 제목을 '파트너사 클레임 대응안'이라고 붙이고 '개요-문제 상황-대처 방안-기대 효과'와 같은 법칙으로 순서를 나열했다면 파트너CS팀장님 입장에서는 앞에 서너 장을 거칠게 넘기게 되는 짜증스러운 문서가 될 겁니다.

　다른 상황을 놓고 함께 생각해 보겠습니다.

<상황 4> 내가 회사에서 이 미션을 받았다면?

수영복 카테고리 프로모션이 총 3주 진행 후 종료되었다. 수영복 카테고리 매출과 트래픽이 전달 대비 크게 상승했을 뿐 아니라 타 카테고리, 특히 의류 카테고리의 트래픽과 매출도 동반 상승하는 결과를 얻었다.

 결과 지표 뽑으셨나요? 결과 보고서 올려 주세요.

　〈상황 1, 2〉의 예시였던 수영복 프로모션을 잘 끝마쳤습니다. 팀장님에게서 새로운 미션이 떨어졌네요. 그럼 결과 지표를 확인하고 자료를 수집한 후 빈 문서를 열어 '수영복 카테고리 프로모션 결과 보고서'라는 제목을 씁니다. 그러고 나서 상대방(To)과 메시지(Message)를 생각하고 구성 요소를 확정해야겠지요? 여러분이라면 어떻게 쓸지 한번 스스로 고민해 볼까요?

1. 누구에게 말하려고 문서를 쓰는가?

_____

2. 그 사람에게 무슨 말을 하려고 문서를 쓰는가?

_____

3. 메시지로부터 생각한 구성 요소(반드시 5개를 채울 필요는 없습니다.)

① _____

② _____

③ _____

④ _____

⑤ _____

〈상황 4〉의 경우 보고서를 통해 말을 전할 사람은 팀장님입니다. 팀장님한테 무슨 말을 하려고 이 문서를 쓰는 걸까요? 이때도 "팀장님, 주요 지표가 어떠했습니다."라고 메시지만 적었다면 지표 A, B, C만 나열하고 끝나는 문서가 될 가능성이 높습니다. 문서가 매끄럽게 시작해서 끝맺는 대화가 되려면 내 의견을 더한 메시지가 있어야 하죠.

Not Good

팀장님~ 결과를 뽑아 보니 수영복 카테고리 트래픽이 20%, 매출이 35% 상승했습니다. 전체로 보면 전월 트래픽 대비 30%, 매출이 40% 올랐습니다.

Good

팀장님~ 7월 3주간 이벤트 진행한 결과 수영복 카테고리 트래픽이 20%, 매출이 35% 올랐습니다. 의류 카테고리 전체에도 영향을 미쳐 전체 트래픽이 전월 대비 30%, 매출이 40% 상승한, 예상 목표치보다 더 좋은 성과를 얻었습니다.

결과를 A, B, C라고 나열하는 데 그치지 않고 '예상 목표치보다 더 좋은 성과였습니다.'까지 전달하여 매끄러운 대화가 되도록 내 생각, 내 메시지를 꺼냈습니다. 만약 성과가 좋지 않은 경우라도 '트래픽은 10%, 매출은 5% 상승에 그쳤습니다. 매출이 예상보다 낮은 이유는 임시 공휴일로 인해 주 타겟인 2030의 유입이 감소했기 때문이라고 생각됩니다.'와 같은 메시지를 전할 수 있겠습니다.

수영복 프로모션 결과 보고서

To 팀장님

Message 7월 3주간 이벤트 진행한 결과 수영복 카테고리 트래픽이 20%, 매출이 35% 올랐습니다. 의류 카테고리 전체에도 영향을 미쳐 전체 트래픽이 전월 대비 30%, 매출이 40% 상승한, 예상 목표치보다 더 좋은 성과를 얻었습니다.

메시지를 뽑았다면 내가 전할 메시지를 구성할 수 있도록 구성 요소를 준비해 보겠습니다.

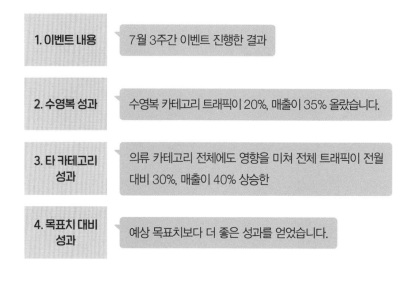

1. 이벤트 내용 — 7월 3주간 이벤트 진행한 결과

2. 수영복 성과 — 수영복 카테고리 트래픽이 20%, 매출이 35% 올랐습니다.

3. 타 카테고리 성과 — 의류 카테고리 전체에도 영향을 미쳐 전체 트래픽이 전월 대비 30%, 매출이 40% 상승한

4. 목표치 대비 성과 — 예상 목표치보다 더 좋은 성과를 얻었습니다.

1 '7월 3주간 이벤트 진행한 결과' = 이벤트 내용
2 '수영복 카테고리 트래픽이 20%, 매출이 35% 올랐습니다.' = 수영복 성과
3 의류 카테고리 전체에도 영향을 미쳐 전체 트래픽이 전월 대비 30%, 매출이 40% 상승한' = 의류 카테고리 전체 성과
4 '예상 목표치보다 더 좋은 성과를 얻었습니다.' = 목표치 대비 성과

자연스럽게 대화의 시작을 열 수 있도록 이벤트 내용을 간략히 정리해서 구성 요소로 담았습니다. 그리고 수영복 카테고리의 성과와 의류 카테고리 전체의 성과를 구성 요소로 담아야겠죠. 또 목표치를 초과한 좋은 성과였다는 이야기를 하기 위해 목표치와의 비교 장표를 추가해야겠습니다.

이렇게 준비한 큼지막한 구성 요소를 정한 뒤 핵심 메시지, 설명/근거, 시각 자료 순으로 문서에 담으려던 참에 팀장님에게 메신저가 왔다고 해 볼까요.

"마라님, 문서 만들지 마시고 그냥 메신저로 보고해 주세요."

팀장님, 수영복 무한 쿠폰 이벤트 결과 보고드립니다.

7월 1일부터 22일까지 총 3주간 진행한 결과

첫째 주는 사전 SNS 마케팅으로 인해 전주 대비 2천만 트래픽이 더 인입되었고, 수영복 매출이 총 5000만 원으로 평소 대비 2배나 늘었습니다. 이 주에 특이하게 인테리어 카테고리 구매가 소폭 올랐습니다.

둘째 주에는 매출이 첫째 주 수준으로 유지되었고 특히 수영복뿐 아니라 다른 의류 카테고리의 매출도 2배 정도 늘었다는 점이 정말 큰 성과입니다! 그렇지만 PV로 보면 첫째 주 대비 낮아지긴 했습니다. 그리고 셋째 주는…

그래서 결과가 뭐라는 거예요…?

이 메신저 보고에는 무슨 문제가 있는 걸까요?

💬 결론이 예측 가능하게끔 말하기

회사 문서는 드라마나 영화의 시나리오가 아니기 때문에 서론-본론-결론이나 기승전결과 같은 구성보다는 바쁜 상대방이 빨리 이해할 수 있게끔 결론부터 말하거나 혹은 결론을 예측 가능하게끔 말해 주는 것이 좋습니다.

'결론을 예측 가능하게끔' 말한다는 건 어떤 의미일까요? 사실 우리 모두 이미 일상에서 사용하고 있습니다. 여러분의 친구가 이렇게 얘기를 합니다.

> 아 맞다, 나 어제 진짜 웃긴 일이 있었잖아! 어제 2시쯤에 강남역 5번 출구에서 나와서 100미터쯤 걸었나? 전 남친을 만난 거야! 근데 글쎄 걔가~!

이렇게 이야기를 시작하면 "어머, 웬일이야, 대박!"이라는 리액션과 함께 흥미롭게 얘기를 듣게 됩니다. 왜일까요? 이미 친구가 "나 어제 웃긴 일 있었어."라는 결론을 예측할 수 있게 말을 했기 때문입니다.

만약 친구가 같은 이야기를 대뜸 이렇게 시작했다면 어땠을까요?

> 내가 어제 2시쯤에 강남역 5번 출구에서 나와서 100미터쯤 걸었나? 아무 생각 없이 걷고 있었는데 말이야…

이렇게 이야기를 이어 갑니다. 그럼 '이 친구가 대체 무슨 이야기를 하는 거지…?'라는 생각을 하며 눈동자에 물음표를 가득 띄운 채 들어야 하겠죠.

문서도 마찬가지입니다. 바쁘게 돌아가는 회사에서 팀장님의 시간을 절약해 주려면 결론이 예측 가능하게끔 말해 주는 게 좋습니다. 팀장님에게 프로모션 결과를 이렇게 전했다면 어땠을까요?

팀장님, 수영복 무한 쿠폰 이벤트 결과 보고드립니다.

7월 1일부터 22일까지 총 3주간 진행한 결과

수영복 카테고리 트래픽이 20%, 매출 목표액보다 35% 상승했을 뿐 아니라 의류 카테고리 전체가 동반 상승하여 목표치 대비 더 좋은 성과를 얻었습니다!

상세한 지표를 말씀드리면 우선 첫째 주는…

이렇게 결론이 예측 가능하게끔 말했다면 인내심 없는 팀장님도 충분히 보고를 들어 줄 수 있겠죠. 그렇다면 문서도 동일하게 구성해 보겠습니다.

| 1. 이벤트 내용 | 2. 주요 성과 | 3. 수영복 성과 | 4. 타 의류 성과 | 5. 목표치 대비 성과 | 6. 기타 특이사항 |

1 **이벤트 내용:** 매끄러운 대화를 시작하기 위해 이벤트 내용을 간략히 언급해 줍니다.

2 **주요 성과:** 문서 전체에서 전하려고 하는 결론인 '좋은 성과였다'라는 부분을 미리 인지할 수 있도록 주요 성과를 꺼내 먼저 정리해 주었습니다.

3~5 **수영복 성과, 의류 카테고리 전체 성과, 목표치 대비 성과:** 내가 결론적으로 전하고 싶은 메시지인 '수영복은 물론 타 의류 카테고리도 잘된 정말 좋은 결과였다'라는 이야기를 전합니다.

6 **기타 특이사항:** 문서를 통해 말하고자 하는 내용 외에 별개의 이야기는 주요 내용을 해치지 않도록 맨 뒤로 빼 줍니다. (예를 들어 '특이하게도 인테리어 카테고리가 첫 주에 소폭 상승세를 보였다'와 같은 언급)

이렇게 주요 성과까지 더해 구성 요소를 문서에 다 담았다면 여기서부터 중요한 단계가 시작됩니다.

💬 문서의 완성도를 결정짓는 필수 단계

문서의 구성 요소를 문서에 담은 뒤 문서의 완성도를 올리기 위해 반드시 거치는 과정이 있습니다. 바로 첫 페이지로 돌아가서 한 장씩 넘기면서 소근소근 입 밖으로 말해 보는 겁니다. 이때 반드시 지켜야 할 것은 세 가지!

1 절대 눈으로만 읽지 않을 것

2 발표를 위한 문서가 아니더라도 무조건 읽어볼 것

3 입 밖으로 꺼내는 말이 매끄러운 대화가 될 때까지 무한 반복할 것

분명 필요한 모든 요소가 잘 들어간 것 같은데도 문서가 어딘가 어색하거나 잘 읽히지 않는 가장 큰 이유는 눈으로만 글을 훑고 머리로만 검토하기 때문입니다.

　대부분 장을 넘기면서 머릿속으로 '이 장표도 들어갔고, 이것도 잘 들어갔고, 이 수치도 뽑아서 넣어 놨으니까 됐고~'하면서 문서를 검토하죠. 하지만 문서는 말을 전하는 것이기 때문에 보는 사람에게 말처럼 매끄럽게 전달되지 않는다면 읽기 어려운 자료 모음집이 될 뿐입니다.

　문서를 검토할 때는 문서의 모든 숫자나 글을 읽는 것이 아니라 눈으로 빠르게 내용을 훑으면서 간략하게만 입 밖으로 말하고 지나가면 됩니다.

　가령 〈상황 4〉에서 구성 요소의 핵심 메시지, 설명/근거, 시각 자료를 모두 담았다면 맨 앞 장으로 돌아가 한 장, 한 장씩 넘기면서 다음과 같이 짤막하게 말을 해 봅니다. 혼자만의 대화이니 편하게 반말로 해도 좋습니다.

1. 이벤트 내용	우리가 매출 대응을 위해 지난 3주간 이런 이벤트를 하나 진행했어.
2. 주요 성과	결과부터 말하면 이렇게 굉장히 좋은 트래픽과 매출 성과를 이뤄냈어.
3. 수영복 성과	먼저 수영복 카테고리를 보면 주요 지표가 모두 크게 상승했어.
4. 타 의류 성과	수영복뿐 아니라 의류 전체로 봤을때도 트래픽이 이만큼 상승하고 매출도 이만큼 오르는 시너지를 얻었어.
5. 목표치 대비 성과	시작할 때 목표치는 월 매출 20% 상승이었는데 40% 상승이라는 목표치보다 높은 결과를 얻은 거야.
6. 기타 특이사항	추가로 재미있던 포인트는 인테리어 카테고리도 약간 올랐다는 점. 1인 가구 30대가 많이 유입되면서 상승한 것 같아.

어떤가요? 문서를 보지 않고 말로만 듣는다고 하더라도 내용의 순서나 진행이 매끄러운 대화처럼 이어집니다.

하지만 실제로는 문서를 작성한 후 첫 장으로 돌아가 문서의 내용을 간략히 읊고 지나갔을 때 단 한 번에 앞과 같이 말처럼 부드럽게 이어지는 경우는 극히 드뭅니다. 한 장을 넘기지도 못하고 턱턱 걸리게 되죠.

한번 지금까지 본인이 만들었던 문서를 다시 펼쳐서 눈으로 빠르게 훑으며 소리를 내어 읽어 보세요. 내 문서가 어디에서 어떻게 부족했는지 아주 쉽게 파악할 수 있습니다.

💬 문서가 말처럼 이어지지 않는 3가지 경우

    문서 작성법 강의를 하는 저조차 실무에서 문서를 작성한 뒤 혼잣말로 읽었을 때 단 한 번의 수정 없이 매끄러운 대화가 되는 문서는 정말 흔치 않습니다. 장을 넘기면서 말을 해 보면 반드시 다음 세 가지 중 하나의 경우를 맞이하게 되죠.

1. 말의 순서가 매끄럽지 않은 경우

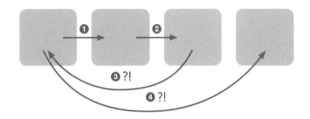

    눈으로 읽었을 때는 빠짐없이 완벽했던 문서를 소근소근 소리를 내어 말해 보면 좀처럼 말이 이어지지 않습니다. '갑툭튀' 하는 순간이 반드시 오죠. 갑작스럽게 다른 내용이 시작되기도 하고, 전체 내용과는 별 관련 없는 말이 뜬금없이 나왔다 사라지기도 합니다. 했던 이야기를 또 반복해서 말하기도 하고요. 또 몇 장 앞에서 했던 이야기가 나중에 다시 이어져야 해서 왼쪽 방향키를 몇 차례 눌렀다가 다시 오른쪽 방향키를 몇 차례 눌러 돌아오기도 합니다.

    이럴 때는 말의 흐름이 매끄러워질 때까지 슬라이드 순서를 앞뒤로 옮겨 구조를 바꿔 줍니다. 그러고는 다시 처음부터 말을 해 봐야 하죠. 말이 매끄럽게 이어질 때까지요!

2. 나는 말을 하는데 문서에는 담겨 있지 않는 경우

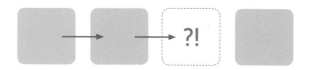

　한 장씩 넘기며 말을 하다 보면 나는 말을 하는데 정작 문서에는 해당 내용이 빠진 경우가 있습니다. 우리는 모두 글보다 말이 훨씬 익숙하기 때문에 이번 장과 다음 장을 매끄럽게 연결하기 위해, 그리고 장 안에 담긴 구성 요소를 매끄럽게 말하기 위해 나도 모르게 말을 가져다 붙이게 됩니다.

　예를 들면 문서에 "7월 생필품 카테고리 지표 소폭 하락: 여름 휴가로 인한 시즌성 이슈로 보임"이라는 문구와 관련 그래프가 적혀 있다고 해 보겠습니다. 해당 장을 말하면서 지나갈 때 "7월 생필품 카테고리 지표가 소폭 하락한 것을 볼 수 있는데, 매년 흡사한 패턴으로 여름 휴가로 인한 시즌성 하락입니다." 하고 말을 합니다. 이때 '매년 흡사한 패턴'은 문장을 자연스럽게 이으려고 튀어나온 혼잣말일 뿐 문서에서는 알 수가 없습니다. 그렇다면 내 말을 기준으로 하여 작년 지표 데이터를 아주 작게 덧붙여 줍니다.

3. 나는 말을 안 하게 되는데 문서에는 크게 담겨 있는 경우

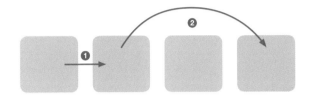

　머리로 생각했을 때는 분명 중요하고 필요한 지표나 자료라고 생각해서 크게 담았지만 정작 입 밖으로 얘기를 하다 보면 오히려 내용 흐름에 방해가 되거나 생략하고 넘어가게 되는 경우가 있습니다.

　문서는 결국 하나의 메시지를 전달하기 위해 흘러가는 이야기입니다. 문서가 흘러가는 방향과 맞지 않는 구성 요소나 자료가 있다면 뒤로 빼거나, 말을 하고 넘어가게 될 내용으로 자료를 추가 보완해 줍니다.

　머리로 생각했던 문서의 순서와 실제 입으로 읊었을 때 어울리는 문서의 순서는 전혀 다릅니다. 입 밖으로 소리를 내어 말했을 때 매끄러운 말이 되는 것이 올바른 문서의 순서이죠. 앞에서 결론부터 말하거나 결론이 예측 가능하도록 말하는 것이 상대방의 시간을 절약해 주는 좋은 방법이라고 말씀드렸습니다. '결론부터 말해야 한다고 했는데?' 하고 또 하나의 법칙처럼 생각해 혼란스러운 독자도 있을 것 같습니다. 하지만 결론부터 말하는 것도 여러 방법 중 하나일 뿐입니다. 자신이 작성하는 문서의 메시지, 자료의 양, 이전에 마지막으로 보고되었던 내용, 회사의 상황 등 문서로 소통하는 상황이 다르므로 '결과 보고서는 반드시 결론이 앞에 들어가야 하고, 제안서에는 결론이 반드시 맨 뒤에 들어가야 합니다'와 같은 법칙은 통하지 않습니다. 그렇기 때문에 보편적으로 문서에서 결론이 예측 가능하게 쓰도록 하되 문서를 입으로 읽었을 때 매끄럽게 읽히는가를 더 우선으로 해야 합니다.

저도 실무에서 언제나! 반드시! 메일이든 워드든 파워포인트든 문서를 작성하면 무조건 첫 장으로 돌아가서 읊어 봅니다. 그리고 다음 과정을 꼭 거칩니다.

1 말의 앞뒤가 꼬이면 슬라이드 순서나 구성의 순서를 바꿔 봅니다.
2 말을 해야 자연스러운 연결이 되는데 문서에는 없는 경우 해당 내용을 빠르게 구해서 넣습니다.
3 문서에는 크게 강조되어 있지만 내용과 흐름이 맞지 않거나 비약이 있으면 맨 뒤 부록(appendix)으로 빼거나 아예 삭제합니다.

이 과정을 무수히 반복하며 작업 시간의 50%를 할애해 글이 매끄럽게 읽힐 때까지 공을 들입니다.

문서를 잘 쓰는 것도 중요하지만 실무에서는 작업 속도 역시 중요하죠. 이 과정을 거치면 문서의 수정 사항이 아주 단숨에, 확실히 보입니다. 그리고 보완했을 때도 보완이 충분한지, 아직 부족한지도 쉽게 판단할 수 있죠.

한 문장이라도, 한 지표라도, 한 장이라도 수정을 하면 앞으로 돌아가서 다시 읊어 보고 또 다시 소근소근 말을 해서 문서 전체가 매끄러운 말의 순서로 이어진다면 이제 자신 있게 문서를 저장하고 제출해도 괜찮습니다.

💬 더 읽기 좋은 문서로 만들어 주는 문서의 구조

한 장씩 넘기며 말로 읽어 보는 과정에서는 단순히 문서 순서만 정하는 게 아닙니다. 문서 처음부터 끝까지 매끄러운 말이 되기 위해 구조를 다듬어야 할 수도 있죠.

너무 말이 길어진다면 그 앞에 목차를 넣거나, 같은 말이 반복되면 따로 장을 빼거나 공통점을 찾아 소제목을 붙여 주기도 하고, 문서가 너무 길어질 때는 기억해야 할 내용들만 정리해 추가하기도 합니다.

1. 목차 = 제가 앞으로 길게 얘기할 건데요~

회사에서 늘 1~3장 정도의 짧은 문서만 만든다면 참 좋겠지만, 몇십 장씩 되는 긴 문서를 만들 일도 생기죠. 야근까지 해 가며 열심히 문서를 만들고 발표하기도 하고요. 발표 자리에서 다들 고개를 끄덕끄덕하며 진지한 얼굴로 들어 주는가 싶지만 다들 머릿속으로 '또 지표가 나왔네… 어? 또 나왔네… 헐, 의류 카테고리 지표도 있어. 몇 분이 남은 거지?' 하는 생각에 빠져 집중력을 잃고 맙니다. 발표가 아니라 pdf 문서로 읽어 보는 경우에도 5장까지 침착하게 넘겨 보다 그 뒤로는 얼마나 있는 건지 궁금해 뒤로 마구 넘겨 총 23장이라는 걸 확인하고 나서야 6장부터 다시 보기 시작하죠.

사람들이 내 문서에 집중하게 하려면 문서가 길어지기 전에 목차를 넣어 '앞으로 무엇을 말할 것이냐면요~' 하고 미리 알려줘야 합니다. 목차를 어디에 넣어야 할지는 문서의 순서를 정하는 단계에서 판단하는데요. 문서를 한 장씩 넘기며 읽다가 하나의 이야기가 너무 길어진다는 생각이 들면 그 앞에 장을 추가해서 목차를 써 줍니다.

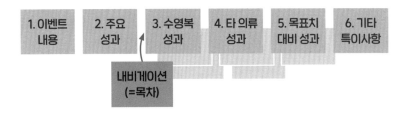

말로 읽어 본다고 하면 아래처럼 될 거예요.

> 우리가 매출 방어를 위해서 지난 3주간 이벤트를 하나 진행했어요.

> 결과부터 말하면, 이렇게 굉장히 좋은 트래픽과 매출 성과를 이뤄냈습니다!

> 자, 이제 항목별로 더 자세히 볼 건데요. 수영복을 먼저 보고 그다음은 의류 카테고리 전체를 보고, 그래서 목표치 대비 성과가 얼마나 났는지 말씀드리겠습니다.

> 먼저 수영복 카테고리를 보면…

오프라인 강의에서 목차에 대해 설명할 때 많은 수강생들이 하는 질문이 있습니다.

"그렇게 이야기 중간에 넣는 목차와 2page에 넣는 목차는 어떻게 다른가요?"

표지 다음에는 목차를 써야 한다? 왠지 모르게 어디선가 우리들의 뇌에 저장되어 있는 법칙이죠. 하지만 사실 표지 다음 장에 있는 목차 부분에서 멈춰 '음, 이 문서에서 앞으로 이런 내용을 보겠군.' 하며 집중하고 본문을 시작하는 직장인은 흔치 않습니다. 빨리 본문부터 보고 싶어서 후다닥 넘겨 버리고 말죠. (자꾸 우리네 직장인들에 대해 냉정하게 묘사하는 것 같습니다만, 저 역시 직장인이니까 너무나도 잘 알고 있습니다.)

이런 목적 없고 불필요한 목차 장은 추가하지 않는 것이 훨씬 바람직합니다. 물론 말의 순서상 목차가 필요하다고 판단해서 2page 위치에 목차를 넣는 건 괜찮겠죠. 하지만 문서 분량이 4장이건 80장이건 2page 위치에 꼭 목차를 넣으란 법칙은 없습니다.

간혹 회사에 문서 규칙이 있어 반드시 2page에 목차를 넣으라는 경우가 있습니다. 그렇다면 당연히 2page에 목차를 넣되, 장을 넘기며 말로 읽어 보다 이야기의 덩어리가 너무 크거나 내용이 길다고 생각되는 부분이 있다면 그 앞에도 다시 한번 넣어 주면 됩니다.

2. 소제목 = 아까 얘기 드렸던~

문서를 넘기며 읽다보면 귀에 걸리는 단어가 있을 겁니다. 같은 단어를 계속 반복해서 말하게 되거나, '아까~'라는 말이 계속 나온다면 그다지 좋은 신호가 아님을 캐치해야 해요. 공통된 이야기가 문서 여기저기 흩뿌려져 있다는 힌트일 수 있기 때문입니다. (이 또한 말을 해 보지 않고 눈으로만 문서를 검토하면 절대 알 수 없어요!)

예를 들어 장을 넘기며 말을 하는데 여기저기서 '경쟁사와 비교해 봤을 때~'라는 말을 하게 되거나 '아까 말한 수영복 카테고리 성과는 경쟁사보다 낮았으나 의류 카테고리 성과는 경쟁사 대비 높고…'와 같이 반복되는 같은 내용이 귀에 들린다면 내용이 흩어져 있음을 알아채고 그 내용들을 한 곳에 묶습니다.

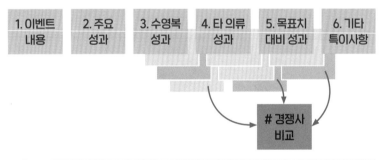

 아까 말한 수영복 카테고리 경쟁사와 비교하면 15% 성장했는데 의류 카테고리의 경우에는…

혹시 같은 키워드나 공통된 내용이라 하더라도 따로 빼기보단 각각 배치해야 한다면 가급적 공통으로 묶을 수 있는 소제목을 정해서 같은 이름을 붙여 주세요.

가령 분야별로 성과를 경쟁사와 계속 비교한다면 '경쟁사 비교: 수영복', '경쟁사 비교: 의류', '경쟁사 비교: 기타' 등 '경쟁사 비교'라는 공통 요소로 소제목을 만듭니다. 문서가 20장이라 할 때 내용이 모두 흩어져 나열되어 있으면 보는 사람은 바로 앞 장의 내용도 기억하기 어려워요. 이때 비슷한 내용에 같은 제목을 붙여 패턴을 만들면 '아, 아까 수영복에서 '경쟁사 비교' 장은 이랬는데!' 하고 기억하기가 조금 더 용이해집니다.

공통된 키워드를 모아 기억하기 쉽게 패턴화해 보세요. 기억하기 쉽게!

3. 장을 추가해서 더 기억하기 쉽게!

간혹 큰 프로젝트를 대상으로 하거나, 문서에 내용이 계속 덧붙여지면서 장수가 점점 불어나 100장을 훌쩍 넘길 때가 있습니다. 130장, 180장 혹은 그 이상의 문서를 만들게 되면 이런 웅장한 문서도 만드는 멋진 직장인이 된 느낌이지만 사실 이런 긴 문서는 아무도 읽어 주지 않는 슬픈 작품이 되고 말죠.

많은 직장인들이 문서가 길어질수록 장수를 어떻게든 줄여 보려고 노력합니다. 그러다 한 장에서 전하는 메시지나 자료가 너무 많아 읽히지 않는 문서를 만드는 실수를 하고 말아요. 그럴 때 저는 동료들에게 장수를 줄이려고 하지 말고 오히려 장을 추가하라고 권합니다.

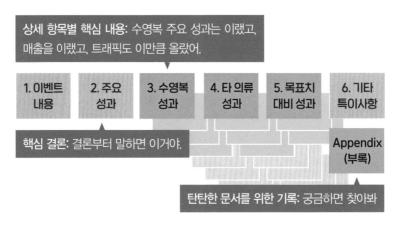

위 예시와 같이 문서 장수가 아주 많다고 할 때, 문서의 결론을 '2. 주요 성과'에 담아 주었습니다. 그리고 그 뒤부터 아주 많은 장이 시작되죠.

그럴 때 모든 장을 다 보게끔 하지 말고 중간중간 장을 추가해서 구성 요소별로 말하고자 하는 핵심 메시지, 보는 사람이 꼭 알아야 하는 내용을 정리해 줍니다. 그리고는 주요한 설명 자료만 추려서 남기고 나머지 지표는 궁금하면 찾아볼 수 있도록 맨 뒤에 부록(appendix)으로 옮기는 거죠.

혹은 중요도가 떨어지는 장의 배경색을 회색 등 연한 무채색으로 변경하여 중요한 정보가 아니라는 걸 시각적으로 표시하는 것도 좋은 방법입니다.

기억할 것 6장   읽을 것 30장   총 130장

이 문서의 장수가 총 130장이라 할 때 문서를 보는 사람에게 130장을 보게 하지 마세요. 100장은 궁금하면 찾아볼 수 있도록 기록으로 남겨 두고, 30장만 읽게 하고 그중에 단 6장만 기억하면 되도록 하는 겁니다. 장을 줄이는 대신 중간중간 장을 추가해서 긴 내용을 정리해 줌으로써 기억할 거리를 줄여 주는 것이 훨씬 나은 문서를 만드는 방법입니다.

현업자의 '찐' 노하우 Q&A

Q. 다른 책이나 강의를 보면 문서를 만들기 전에 문서 구조의 트리를 짜는 작업을 한다던데요. 실제 업무를 할 때 어떻게 하시나요?

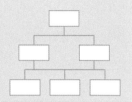

A. 결론부터 말하자면 저는 문서를 만들기 전에 문서의 구조의 '트리'를 짜지는 않습니다. 지금까지 책에서 전한 내용 그대로 메시지를 생각해서 메시지의 순서대로 구성 요소를 넣은 뒤 순서를 정하는 단계에서 말을 해 보면서 순서도 바꾸고, 자료도 추가하고, 공통된 키워드끼리 따로 장으로 빼고, 목차도 중간에 집어 놓고, 그리고 다시 말로 해 보는 과정을 반복해서 문서를 만들고 있습니다.

트리를 굳이 짜지 않는 이유는 문서를 만들기 전에 트리를 짜 봐야 실제로 담아 보지 않으면 가늠이 되지 않기 때문입니다. 이 경우 ① 시간을 써서 트리를 짜고 ② 문서에 옮긴 뒤 ③ 또 수정 작업을 해야 합니다. 그 대신 ① 트리를 짜는 시간을 없애고 머릿속으로 메시지를 생각해서 메시지 순서대로 정렬한 뒤 ② 문서에 옮기고 ③ 수정 · 보완한다고 보면 되겠습니다.

간혹 문서의 내용이 매우 길거나 메시지가 잘 생각나지 않을 때는 트리가 아닌 빈 문서에 카톡처럼 편한 어투로 1장당 하나의 메시지를 써 봅니다. 그리고는 '그 아래 설명/근거를 이걸 붙이면 되겠다. 시각 자료는 이걸 붙이면 되겠다.' 하고 시작할 때도 있습니다.

6장

빠르게
읽히는
문서 한 장의
비밀

구성 요소의 순서를 정하는 단계에서 한 장씩 넘기며 문서를 읽을 때 또 하나 반드시 체크해야 할 것이 있습니다. 바로 각 장마다 보는 사람이 빠르게 이해할 수 있도록 되어 있는가입니다.

💬 상대방 입장에서 이해의 단계가 짧은 커뮤니케이션

문서를 통해 상대에게 전하고자 하는 메시지를 전달하기 위해서는 구성 요소별 핵심 메시지만 잘 전달하면 되고, 구성 요소별 핵심 메시지를 잘 전달하기 위해서는 한 장당 하나의 메시지만 잘 인지시켜도 정말 성공적인 문서가 되죠.

그러기 위해서는 상대방에게 빠르게 읽히는 글을 쓰는 것이 중요합니다. 일반적으로 문장의 길이가 짧고, 간단 명료하게 쓴 문장이 빨리 잘 읽힌다고 생각할 수 있습니다. 하지만 정말 중요한 건 문장의 길이가 아니라 상대방 입장에서 이해하는 데까지 생각하는 단계가 적은 글이죠. 예를 들어 보겠습니다.

> 수영복 카테고리의 매출은 목표액 일 1,700만 원을 초과하여
> 일 평균 2,550만 원 달성

핵심 메시지가 이렇게 적혀 있다면 문서를 보는 사람 입장에서는 '목표액은 1,700만 원이었는데 2,550만 원이니까…' → '850만 원이나

더 벌었구나!' → '와 목표액보다 훨씬 잘 벌었네.'라고 세 단계를 거쳐 생각해야 내가 전달하고자 하는 '목표액 대비 많이 벌었다'는 의미를 이해할 수가 있습니다.

만약 이렇게 적었다면 어떨까요?

> 수영복 카테고리의 매출은 목표액 일 1,700만 원보다 850만 원 높은
> 일 평균 2,550만 원 달성(목표액 대비 1.5배)

이걸 읽은 상대방은 '오! 목표액보다 1.5배 더 벌다니' 하고 별다른 단계 없이도 내가 전달하고자 하는 의미를 단숨에 알아차릴 수 있습니다. 문장 길이가 더 길어지더라도 상관없습니다. 내가 말하고자 하는 내용을 빠르게 이해시킬 수 있는지가 중요한 것이죠. 물론 더 궁금한 사람은 읽으라고 설명/근거를 준비해 두었지만 굳이 찾아보지 않아도 개괄적인 내용을 습득할 수 있을 정도로 적어야 합니다.

또 다른 예시를 들어 볼까요? 다음과 같은 1page 보고서에서 상단에 핵심 문장을 다음과 같이 적었습니다.

> 앱을 통해 자주 가는 매장으로 등록한 소비자를 대상으로 다양한 혜택을 제공하여 활발한 참여를 이뤄냈습니다.

왼쪽 아래는 소비자에게 어떤 혜택들을 제공했는지 표로 정리하고, 오른쪽 아래에는 일일 참여자 수 그래프를 정리해 두었습니다.

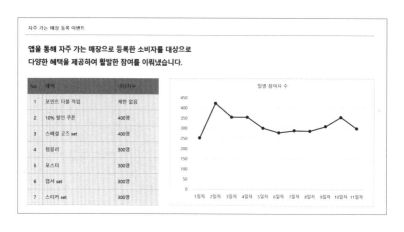

이러한 문서는 실무에서도 흔히 볼 수 있습니다. 하지만 사실상 상대에게는 아무 정보도 얻을 수 없는 수수께끼나 다름없는 문장이에요. 핵심 메시지를 읽은 상대가 이 장에 담긴 내용을 어느 정도 이해하려면 '혜택을 뭘 줬길래?' → (왼쪽 아래 표를 보고) '아, 포인트 더블 적립이 후킹했네.' → '참여가 얼마나 활발했지?' → (오른쪽 아래 그래프를 보고) '음 매일 300명 정도는 되네!' 하고 시선을 왔다갔다 수고를 들여야 비로소 이 보고서를 이해할 수 있습니다.

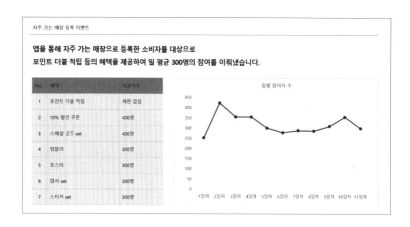

앱을 통해 자주 가는 매장으로 등록한 소비자를 대상으로 포인트 더블 적립 등의 혜택을 제공하여 일 평균 300명의 참여를 이뤄냈습니다.

만약 이렇게 적었다면, 상대는 표와 그래프를 눈을 왔다갔다 하지 않아도 핵심 메시지로부터 이 장에서 말하고자 하는 정보를 충분히 습득할 수 있었겠죠. 여기서 더 상세한 내용이 궁금하다면 아래 설명이나 시각 자료를 통해 확인하면 됩니다.

이처럼 빠르게 읽히는 장을 만들려면 장에서 하려는 이야기를 보는 사람이 수고를 들이지 않고 이해할 수 있도록 해야 합니다. 파워포인트나 키노트와 같이 가로형 문서를 작성할 때 다음과 같이 장에서 말하는 핵심 메시지를 장마다 다른 위치에 이리저리 배치하면 보는 사람은 장마다 핵심 메시지를 찾아 헤매야 합니다. 메시지를 이해할 때 그만큼 시간과 수고가 든다는 거죠.

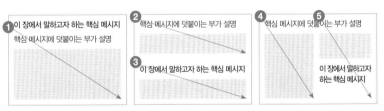

▲ 핵심 메시지가 장마다 다른 위치에 있어 시선이 혼란스럽습니다.

상대는 턱을 괴고 무심히 클릭하며 장을 넘긴다고 하더라도 그 장에서 말하는 핵심 메시지가 알아서 눈에 들어왔으면 좋겠다고 생각할 겁니다. 3초 만에 핵심 메시지가 읽히지 않으면 문서를 보는 사람의 잘못이 아니라 문서를 쓴 사람의 능력 부족 탓이 됩니다.

그러므로 다음과 같이 장에서 말하려는 핵심 메시지는 시선이 흔들리지 않도록 한 위치에 배치하는 것이 좋습니다. 핵심 메시지만 슥 지나쳐도 충분히 문서 전체의 메시지를 인지하는 데 이상이 없도록 말이죠. 설명이나 시각 자료는 핵심 메시지를 도와주는 역할일 뿐 반드시 인지시켜야 하는 내용은 아니니까요.

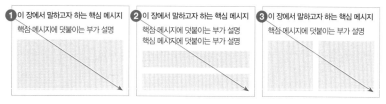

▲ 핵심 메시지가 상단 한 곳에 있어 장을 넘겨도 시선이 흔들리지 않습니다.

💬 내가 말을 하는 순서와 함께 갈 수 있는 시선

빠르게 읽히는 장을 만들기 위해 중요한 것이 또 하나 있습니다. 내가 말을 하는 순서와, 장의 순서가 같이 갈 수 있는가를 검토해야 합니다. 만약 제가 수영복 카테고리 프로모션 결과 보고서를 작성했고 그중 수영복의 트래픽과 매출 성과의 구성을 다음과 같이 만들었다고 가정해 보겠습니다.

> **수영복 카테고리는 트래픽과 매출 둘 다 매우 상승**
> 핵심 메시지를 전하는 데 필요한 경우 설득력과 타당성
> 을 더하는 설명
>
> 수영복 카테고리 트래픽
>
> 수영복 카테고리 매출

그리고 구성 요소의 순서를 정하는 단계에서 한 장씩 넘기면서 혼잣말로 읊고 넘어갈 겁니다.

"수영복 카테고리는 트래픽과 매출 둘 다 매우 상승했어! 수영복 카테고리의 트래픽은 이랬고, 매출은 이랬어."

이때 내가 말하는 순서와 문서를 보는 시선이 같이 흘러갈 수 있는지를 검토하는 겁니다.

말하는 순서

 수영복 카테고리는 트래픽과 매출 ❶ 둘 다 매우 상승했어! ❷ 수영복 카테고리의 트래픽은 이랬고, ❸ 매출은 이랬어

보는 사람의 시선 ❶ **수영복 카테고리는 트래픽과 매출 둘 다 매우 상승**
핵심 메시지를 전하는 데 필요한 경우 설득력과 타당성
을 더하는 설명

❷ 수영복 카테고리 트래픽

❸ 수영복 카테고리 매출

더 쉬운 이해를 위해 위 문서를 실제로 아래와 같이 만들었다고 해 볼게요.

1안

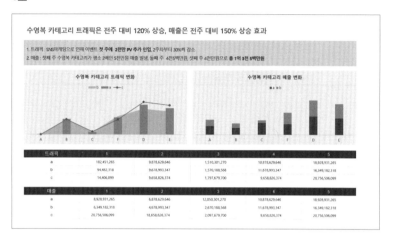

어떤가요? 깔끔하게 잘 만들어진 문서 같나요? 장담컨대 이 장을 보는 순간 여러분의 동공이 아주 바삐 오른쪽 왼쪽 왔다갔다 움직이면서 읽을거리를 찾아 헤맸을 겁니다. 한번 검토해 볼까요. 혼잣말로 읽는다고 생각해 보고 문서를 다시 한번 봐 주세요.

 수영복 카테고리는 트래픽과 매출 둘 다 매우 상승했어! 수영복 카테고리의 트래픽은 이랬고, 매출은 이랬어.

문서를 읽는 순서와 문서를 보는 시선이 동일하게 갈 수가 없죠. 그렇다면 말의 순서와 시선이 같이 갈 수 있다는 건 어떤 문서를 말하는 걸까요?

문서를 이렇게 수정해 보겠습니다.

2안

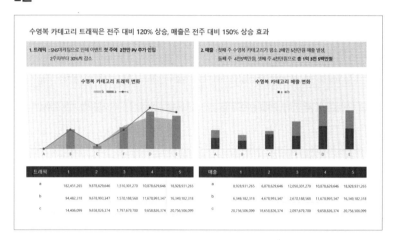

동일한 자료를 구성만 달리 배치했습니다. 다시 장을 훑으면서 말을 해 볼까요?

 수영복 카테고리는 트래픽과 매출 ❶ 둘 다 매우 상승했어! ❷ 수영복 카테고리의 트래픽은 이랬고, ❸ 매출은 이랬어

차이가 느껴지나요? 이번에는 말을 하는 순서와 시선이 동일하게 움직일 수가 있습니다.

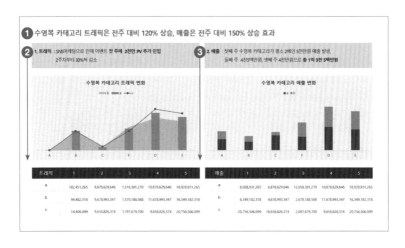

1안의 경우 빈 문서를 테트리스 하듯 자료를 욱여넣었을 뿐, 목적이 있는 구성 배치는 아닙니다. 내가 문서를 읊었을 때 내 말의 순서와 보는 사람의 시선이 자연스럽게 같이 갈 수 없다면 보는 사람의 시선이 이리저리 방황하게 될 수 밖에 없게 되죠.

순서 단계에서 참으로 할 일이 많습니다. 말의 순서가 매끄러운지도 살펴야 하고, 구성을 더 탄탄히 해야 할 곳은 없나 살피기도 하고, 상대방이 봤을 때 이해의 단계가 짧은 커뮤니케이션으로, 시선이 흩어지지 않게 적혀 있는지도 살펴야 합니다.

이 책을 읽고 난 직후에 적용하려면 전부터 해 보지 않은 낯선 방법이기에 할 게 많아 어렵게 느껴질 수도 있지만 장을 넘기면서 혼잣말로 소근소근 장을 훑어서 읊어 봤을 때 말이 매끄럽게 이어지도록 보완한다는 큰 핵심만 기억하면 아주 자연스럽게 보완할 할 점이 보일 겁니다.

현업자의 '찐' 노하우 Q&A

Q. 문서를 잘 작성한 것 같은데… 뭔가 고개를 갸웃하게 돼요. 이대로 제출해도 괜찮을까요? 한번 봐 주세요.

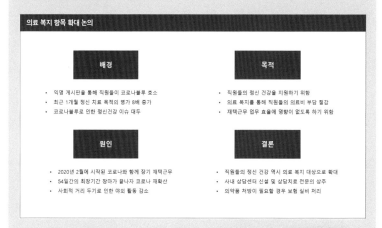

A. 아주 깔끔하게 작성한 동료의 문서였습니다. 모든 구성 요소의 내용을 탄탄하게 잘 준비를 했죠. 내가 만약 이 문서를 받았다면 어떤 피드백을 줄까요? 왜 동료는 잘 정리된 문서를 보고도 고개를 갸웃하게 되었을까요?

잘 정리된 문서지만 한 가지 아쉬운 점이 있습니다. 문서를 읽지 않으면 얼핏 깔끔해 보이겠지만, 내용을 읽고자 한다면 보는 사람마다 제각각 시선이 흩어지게 될 거예요. 배경이 첫 시작인 것은 알겠고 결론이 마무리인 것은 알겠으나 배경 다음이 목적일까요? 아니면 배경 다음 원인을 읽어야 하는 걸까요?

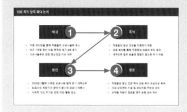 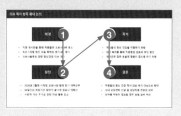

마치 핸드폰 잠금 패턴을 그리듯 시선이 저마다 익숙한 방향으로 흘러갈 겁니다. '당연히 배경 다음엔 원인이지', '당연히 배경 다음엔 목적이 나와야지'라는 법칙이 없기 때문에 이런 구성은 나 혼자에게만 익숙한 구성으로 만든 문서인 것이죠.

"이대로 문서를 제출해도 될까?"라는 자신감을 갖기 위해서는 순서 단계에서 반드시 소리를 내어 읽을 필요가 있습니다. 나는 입 밖으로 말하지만 문서에는 아무런 힌트가 없어 내 말과 시선이 '당연히' 동일하게 갈 수가 없다면 구성을 바꿔주거나 숫자를 붙여 줘야겠죠.

모든 한 장, 한 장이 말로 훑고 지나갔을 때 매끄럽게 들리고 시선 역시 동일하게 흘러갈 수 있는 문서라면 보는 사람에게도 매끄러운 문서라는 뜻입니다. 그때 확신을 가지고 제출해도 좋습니다!

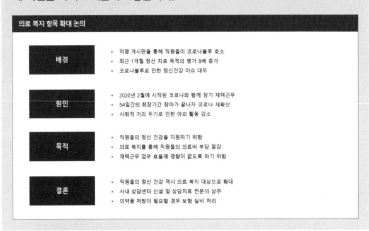

지금까지 살펴본 문서 작성법을 정리해 보자면 다음과 같은 과정을 거칩니다.

1 문서의 작성을 시작하려면 반드시 듣는 사람(To)에게 내가 전할 메시지 (Message)를 먼저 생각합니다.

2 상대와 메시지를 생각하며 구성 요소를 정하여 핵심 메시지, 설명/근거, 시각 자료를 문서에 담습니다.

3 반드시 문서의 장을 넘기면서 혼잣말로 소근소근 장을 훑으며 말을 해 봅니다.

4 이때 말이 꼬인다면 순서를 다듬거나, 자료를 더 채우거나 빼기도 하고, 말이 너무 길어지면 그 앞에 목차를 넣습니다. 또 같은 키워드를 반복해서 말하게 되면 소제목을 붙여 주기도 하고요.

5 빠르게 읽히는 한 장, 한 장을 위해 읽는 사람이 생각해야 할 단계가 짧은 커뮤니케이션이 될 수 있게끔 내가 말하는 순서와 문서가 읽히는 순서가 같이 가는지 검토합니다.

6 문서의 첫 장부터 끝 장까지 말이 매끄럽게 들리고 내가 결론적으로 하려고 했던 메시지가 잘 전달된다면 아주 자신 있게 문서를 제출하는 거죠!

이렇게 문서를 작성하고 나면 하얀 바탕에 검은 글씨만 담겨 있어도 술술 읽히는 좋은 문서가 됩니다. 하지만 여기서 그치지 않고 약 20%의 시간을 더 사용해 문서 디자인을 하죠. 우리는 디자이너도 아닌데 왜 문서 디자인을 해야 할까요? 문서 디자인에서 가장 중요한 것은 무엇일까요? 더 나은 보고서 작성을 위해 배워 보겠습니다.

✎ Memo

7장

알고 보면
간단한
문서 디자인

A님은 그 어렵다는 취업의 문을 뚫고 드디어 한 회사의 사원이 되었습니다. 모든 것이 새로워 하나씩 경험하고 배우다 보니 어느덧 1년을 지나 2년차에 접어들었죠. 이제는 어느 정도 책임 있는 업무가 주어지기 시작했습니다.

"A님, 다음달 신규 파트너들 대상으로 교육 세미나를 한번 열고자 하는데, 어떤 내용으로 진행할지 A님이 한번 고민해 보실래요? 천천히 일주일 정도 고민해 보고 다음주 월요일에 보여 주세요."

처음으로 큰 미션을 받은 것 같아 설레는 마음으로 교육 세미나의 구성을 고민했습니다. A님은 예전부터 파트너 교육에 어렴풋이 필요하다고 생각해 둔 것이 있었습니다. 파트너들이 늘 파트너 센터 이용을 어려워 했기에 파트너 센터 가이드를 교육하고 우리 회사 소비자 특징이나 소비 패턴을 알려 주면 파트너들의 판매 촉진에 더 도움이 되겠다는 생각이었죠.

월요일~수요일

문서에 담을 내용들을 열심히 바탕화면에 모아 두었습니다. 파트너 센터 가이드도 정리하고 우리 회사 제품의 소비자 연령대나 성별, 주력 소비 카테고리 및 금액대 등 파트너에게 도움이 될 수 있는 정보들을 수집했습니다.

목요일

이 정도면 내용은 잘 준비한 것 같은데 문서 작성을 시작하기에는 뭔가 자신이 없습니다.

'기깔나게 잘 쓴 문서를 보여주고 싶은데…'

회사에서 얻은 몇 가지 문서를 펼쳐 보고 인터넷 검색도 해 봅니다. 검색 중 누가 봐도 멋들어진 파워포인트 디자인 템플릿이 보입니다. 마침 무료로 배포한다기에 당장 다운로드합니다.

금요일

다운로드한 디자인 템플릿에 준비한 내용들을 쏟아 내 담아 봅니다. 이제 내 문서도 깔끔하고 예쁜 것 같습니다.

월요일

나의 첫 문서를 자신 있게 제출해 봅니다. 문서를 넘기던 팀장님의 눈썹이 잠깐 들리더니 이내 미간이 좁아지고 왠지 모르게 문서 넘기는 소리가 거칠게 느껴집니다. 팀장님이 갑자기 박 대리님 자리로 고개를 돌립니다.

"…… 박 대리님, 자리에 있나요? 잠깐 와 보실래요?"

"네. 팀장님."

"바쁘겠지만 A님 문서 좀 도와주세요."

"아… 넵."

자리로 돌아온 박 대리는 내가 이런 뒤치다꺼리까지 해야 하냐는 불만에 한숨을 푹푹 쉽니다. A 사원은 무릎 위에 두 손을 공손히 모으고 박 대리님 옆에 앉아 눈치만 볼 뿐입니다.

A 사원을 보며 이불을 차고 싶은 분이 있을지도 모르겠습니다. 회사에서 흔히 일어날 수 있는 일이죠.

보고서 때문에 스트레스 받는 직장인들과 대화하면서 가장 안타까운 경우를 꼽자면, 인터넷 검색 결과에 나오는 화려한 디자인의 파워포인트 템플릿을 잘 만든 보고서라고 생각하는 경우입니다. 그래서 파워포인트 디자인 강의를 결제하거나, 디자인 템플릿을 다운로드해 자신의 보고서 내용을 구겨넣기도 하죠. 하지만 실제 회사에서 화려한 디자인의 보고서를 제출한다면 '쓸데없는 것에 시간을 쏟는 일 못하는 사람'으로 평가받고 말 겁니다.

실무에서 보고서를 작성할 때 감각적인 디자인은 필요 없습니다. 최소한의 디자인이면 충분합니다. 문서 작성 시간을 100이라고 할 때 문서 디자인에 할애하는 시간은 20밖에 되지 않습니다. 그리고 그 20의 시간 안에 최소한의 디자인으로 최대의 효과를 보려면 먼저 문서를 디자인해야 하는 이유부터 정확히 알아야 합니다.

💬 꾸미는 대신 오직 가독성만 생각하세요

오프라인 강의에서 수강생에게 PPT 디자인 실력에 대해 물어보면 곧잘 이런 대답이 나오곤 합니다.

"제가 디자인 감각이 좀 없는 편이라… 어릴 때부터 미술 시간을 제일 싫어했고…"

"제가 파워포인트를 다뤄 본 적이 몇 번 없어서… 기능을 잘 몰라요."

많은 분들이 문서를 깔끔하게 잘 만드는 사람은 미적 감각이 있거나 파워포인트 기능을 빠삭하게 안다고 착각합니다. 하지만 문서를 만드는 데 미적 감각이나 자격증 여부는 전혀 중요하지 않아요. 당장 저만 해도 문서 디자인을 할 때 파워포인트의 아주 기본적인 기능만 사용하기 때문에 이 책을 읽고 있는 여러분보다 자세한 파워포인트 기능은 더 모를 수도 있습니다. 하지만 실무에서 상사나 동료들에게 충분히 깔끔하고 좋은 문서를 만든다는 평을 받고 있죠. 좋은 평을 받을 수 있는 이유는 문서의 디자인을 해야 하는 이유를 정확히 알고 있기 때문입니다.

우리는 디자이너도 아닌데 왜 문서 디자인을 해야 할까요?

회사의 문서란 화려하고 아름다운 작품이 아닌 커뮤니케이션을 하기 위한 도구입니다. 커뮤니케이션이라는 문서의 목적에 맞게 전하려고 하는 메시지를 더 빠르게, 더 확실히 전달하기 위한 디자인만 해야 하죠. 보는 사람을 위해 가독성을 높이려는 목적 말고 '예뻐 보이려' 하는 디자인은 무의미합니다.

회사에서 문서를 만든다고 가정해 볼게요. 앞서 4장에서 배운대로 문서를 통해 상대에게 전할 메시지를 생각하고 구성 요소를 정했습니다. 이때 준비한 구성 요소의 핵심 메시지와 설명, 시각 자료를 문서에 잘 담으려고 인터넷에 떠도는 디자인 템플릿을 쓴다면, 이미 정해진 디자인 포맷에 내용을 넣기 위해서 핵심 메시지나 설명을 늘리거나 줄여야 하는 상황에 놓입니다. 그렇다고 내용에 맞춰 템플릿을 수정하자니 아름다웠던 디자인 슬라이드가 점점 망가지는 느낌이 들죠.

내가 쓰고자 하는 내용과 찰떡처럼 맞는 디자인 슬라이드 템플릿은 찾기 어렵습니다. 반드시 수정이 필요하죠. 그렇기 때문에 오히려 툴을 다루는 솜씨가 대단한 사람이 아니라면 디자인 템플릿은 활용하기란 좀처럼 쉽지 않습니다. 고민하며 템플릿을 수정하느라 작업 시간도 오래 걸리게 되고, 무엇보다 문서에 담을 내용을 고려하지 않은 공통 템플릿에 내용을 끼워 맞추려다 보면 정작 문서에서 전해야 할 핵심 메시지가 잘 보이지 않을 수 있습니다.

사실 앞에서 배운대로 내가 전할 메시지가 잘 전달되도록 작성했다면 흰 바탕에 검은 글씨만 있어도 잘 읽히는 좋은 문서가 됩니다. 여기에 목적이 분명한 문서 디자인을 더하면 더 빠르게 읽히는 문서가 되죠. 앞으로 제가 알려 드릴 문서 디자인은 '디자인'이라는 단어가 과분할 정도로 쉽고 단순하며 문서 다듬기에 가깝습니다. 누구나 할 수 있는 수준이기에 쉽게 따라할 수 있어요. 문서의 디자인을 '어떻게' 하는가를 고민하기보다 여기에 '왜' 하는가를 고민한다면 앞으로 실무에서 작성하는 문서의 퀄리티가 눈에 띄게 달라질 겁니다.

💬 시선이 모든 걸 결정합니다

그런 문서가 있습니다. 분명 디자인 요소 하나 없이 내용만 있는 것 같은데도 요상하게 다른 사람들의 문서보다 깔끔하고 보기 좋은 문서. 이런 문서를 깔끔하다고 느끼는 데는 한 가지 비결이 숨어 있습니다. 바로 장 안에서 내용을 훑거나 장과 장을 넘길 때 보는 사람의 시선이 어지럽게 움직이지 않는 것이죠.

문서에 핵심 메시지와 설명, 시각 자료를 잘 담았으나 각 장마다 요소들이 정렬된 위치가 다르고, 장 안에서도 텍스트와 이미지, 표와 같은 요소들이 통일감 없이 배치되어 문서를 보는 사람의 시선이 계속 흔들리게 된다면 누구나 그 문서는 깔끔하지 않고 정신 없다고 느낄 수밖에 없습니다.

▲ 시선이 안정적이면 문서가 깔끔하다고 느끼게 됩니다.

결국 문서의 디자인에도 역시 '보는 사람의 시간을 절약해 주는가'라는 문서의 기본 전제가 동일하게 적용됩니다. 문서를 보는 사람이 장을 넘길 때마다 시선을 움직이며 핵심 메시지를 찾으려 노력해야 하는 문서보다는 한곳만 응시해도 핵심 메시지가 쏙쏙 들어오고 전체 프레임이 흔들리지 않는 문서가 더 보기 좋고 깔끔하게 느껴지죠.

예를 한번 들어 볼게요. 회사의 많은 오프라인 지점 중 매출이 가장 높은 명동점이 불가피하게 갑작스럽게 이전해야 하는 상황입니다. 매출 타격이 예상되므로 긴급 방어책으로 기존 매장과 가까운 곳에 임시 매장을 만들어 전월 매출의 70%까지는 방어할 예정이라는 내용의 문서를 만들어야 한다고 할 때, 다음과 같은 문서를 파일로 전달받아 읽는다면 어떨까요?

1안

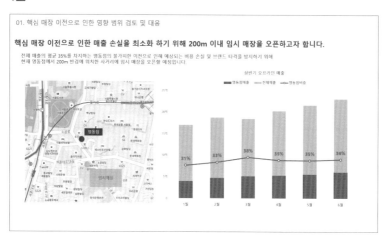

01. 핵심 매장 이전으로 인한 영향 범위 검토 및 대응

핵심 매장 이전으로 인한 매출 손실을 최소화 하기 위해 200m 이내 임시 매장을 오픈하고자 합니다.

전체 매출의 평균 35%를 차지하는 명동점의 불가피한 이전으로 인해 예상되는 비용 손실 및 브랜드 타격을 방지하기 위해
현재 명동점에서 200m 반경에 위치한 사거리에 임시 매장을 오픈할 예정입니다.

01. 핵심 매장 이전으로 인한 영향 범위 검토 및 대응

불가피한 이전이 아닌 특별 콜라보레이션 팝업스토어로 브랜딩하여
VIP고객 대상 사전 알림 및 방문 이벤트를 통해 고객 손실은 30%미만일 것으로 예상됩니다.

임시 매장으로 전월 대비 70%의 매출을 방어할 수 있을 것으로 예상됩니다.

▲ 장 안에서, 그리고 장을 넘기면서 시선이 왔다갔다 하면 지저분한 문서라고 느끼게 됩니다.

어떤가요? 내용을 이해하기 위해 시선이 장에서 왼쪽, 오른쪽, 위, 아래 바삐 움직일 겁니다. 핵심 메시지의 위치가 장마다 바뀌는 것은 물론이고 한 장 안에서도 텍스트, 이미지, 그래프가 정렬되는 위치가 제각각이라 내용을 이해하기 위해서는 시선을 계속 움직이는 나의 노력을 들일 수밖에 없습니다. 장수가 많아질수록 더욱 보기 힘든 문서가 되겠죠.

그렇다면 어떻게 해야 깔끔한 문서를 만들 수 있을까요? 아주 간단합니다. 보는 사람의 시선이 계속 흔들리지 않도록 문서를 구성하는 요소 간의 ① 간격을 균일하게 확보하고 ② 정렬을 올바르게 맞춰 ③ 통일감 있게 다듬어 주기만 깔끔한 문서가 됩니다.

흔히 '문서 디자인'이라 하면 문서에 무언가를 덧붙여야 한다고 생각합니다. 디자인 요소나 효과 같은 것 말이죠. 하지만 문서의 간격과 정렬, 통일감이 지켜지지 않는다면 아무리 화려한 기술을 동원한 디자인이라도 앙상한 가지만 남은 트리에 화려한 장식을 하는 것과 마찬가지로 볼품없는 문서가 되고 맙니다.

예시의 문서를 시선이 움직이지 않도록 구성의 간격, 정렬, 통일감을 지켜준다면 다음과 같은 문서가 될 수 있습니다.

2안

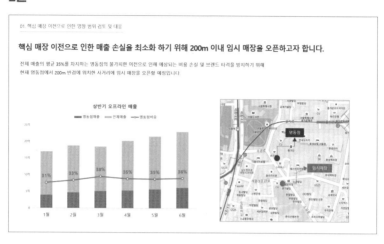

▲ 같은 내용이어도 간격, 정렬, 통일감만 준다면 깔끔한 문서로 다듬을 수 있습니다.

　　간격, 정렬, 통일감을 지켜 보는 사람의 시선을 안정적으로 만들어 주기만 해도 문서의 핵심 메시지를 쉽고 빠르게 전달할 뿐 아니라 문서가 전반적으로 일관성 있고 깔끔하다고 느끼게 됩니다.

💬 간격, 정렬, 통일감

"마라님, 노랑커피 성공 전략에 대해 알아봐 주세요."

팀장님이 저에게 과제를 주셨습니다. 열심히 서칭한 뒤 아래와 같은 문서를 만들었다고 가정해 볼게요.

분명 딱 필요한 내용으로만 이루어졌음에도 불구하고 보는 것조차 힘 겨운 문서입니다. 실제 업무 중 이런 디자인의 문서를 전달받았다면 제 눈 건강을 위해서라도 문서를 수정한 뒤 읽기 시작할 것 같습니다. 이 문서는 무엇이 문제일까요?

1. 간격

문서 한 장은 텍스트, 이미지, 표, 그래프 등 여러 요소로 이루어집니다. 각 요소의 간격을 어느 정도 확보하는지에 따라 가독성이 결정됩니다. 간격이 너무 붙어 있으면 시각적으로 답답한 느낌을 주기도 하고, 간격이 너무 멀리 떨어져 있다면 휑한 느낌을 주거나 두 요소가 전혀 다른 이야기라는 느낌을 전하기도 하죠. 문서를 디자인하면서 최소한으로 신경 써야 할 간격은 ① 문서 가장자리 간격, ② 요소 간의 간격, ③ 텍스트의 행간/자간 이 세 가지입니다.

먼저 문서 가장자리의 간격부터 살펴볼게요. 문서의 첫인상을 좌우하는 것이 바로 문서 가장자리의 간격을 확보했는지 여부입니다. 보통 상단에는 제목을 배치하므로 문서 최상단까지 닿도록 텍스트를 적는 경우는 흔치 않지만 좌, 우, 하단의 간격 확보를 신경쓰지 않는 경우가 많죠. 심지어 문서의 내용이 굉장히 많아서 텍스트나 이미지를 문서의 좌, 우, 하단 끝까지 숨이 막히도록 채우고는 "오케이! 와, 딱 맞았어! 완전 대박!" 하고 좋아하는 경우도 있습니다.

하지만 문서가 시각적으로 안정적이고 쾌적하게 보이려면 반드시 상하좌우에 빈 공간을 조금씩 확보해 줄 필요가 있습니다. (툴을 사용한 간격 확보 방법은 8장에서 설명드리겠습니다.)

만약 내가 만든 문서의 요소가 가장자리 끝과 끝까지 닿게 된다면 배치를 바꾸거나, 텍스트에서 단어 혹은 조사 하나라도 줄여서라도 여백이 있어야 합니다. 도저히 내용을 줄일 방법이 없다면 한 장에서 내용이 너무 많다는 뜻이기에 두 장으로 나누어 만들어야 하죠.

다음으로, 장 안에서 요소 간의 간격이 확보되지 않고 너무 붙어 있는 경우 시각적으로 정돈된 인상을 주기 어려운 것은 물론이고 텍스트의 가독성이 떨어지게 됩니다. 그렇다고 간격을 너무 넓혀도 어딘가 휑해 잘 읽히지 않는 문서가 되고 말죠. 그렇기 때문에 가독성을 위해 요소 간 간격이 너무 좁지 않도록 확보하면서도 간격이 주는 시각적인 의미를 잘 활용할 필요가 있습니다. 간격이 주는 시각적인 의미라는 것이 무엇일까요?

떠오르는 프렌차이즈, 노랑커피의 성공전략

사람이 있는 곳에 늘 있는 커피점, 1매장당 월평균 1천만원 이상의 매출을 일으키는 커피점

미국 : 440매장

중국 : 1290매장

한국 : 123매장

인도 : 189매장

국가별 월평균 매출 및 매장당 평균 매출

중국을 시작으로 한국보다는 글로벌시장에 주력하는 노랑커피는 '사람이 있는 곳을 늘 있는 커피점, 1매장당 월평균 1천만원 이상의 매출을 일으키는 커피점'이라는 수식어에서 알 수 있듯이 소상공인에게 친화적인 커피점으로 하여 연구수가 가장 많은 나라부터 공략을 시작했다.

2018년 11월 사업을 시작한 노랑커피는 불과 2년만에 전세계 **2,000개** 이상의 매장을 가진 거대 프렌차이즈가 되었다.

노랑커피는 국내에서 시작된 기업임에도 불구하고 그 시작을 중국 상하이로부터 하여 그 나라의 국민 생활 특징을 철저하게 분석하여 생활패턴에 맞춰 자연스럽게 안착한 해외 브랜드의 하나로 꼽히고 있다. 현재는 중국을 시작으로 미국>인도>한국 순으로 매장이 많으며 1매장당 월평균 1천만원이상의 매출을 발생시키고 있다.

이는 매장 수를 기하급수적으로 늘리는 것에 집중하는 것이 아닌 주변 상권과 유동인구 분석에 따라 **매장별 매출 나눠먹기가 발생하지 않도록 철저한 데이터 기반 매장 수 증가 및 관리를 하고 있다는 점을** 시사하고 있다. 가장 낮게는 인도의 1천만원에서 미국 매장의 경우 매장당 월 평균 1900만원이라는 수치를 보이고 있어 노랑커피의 데이터 전략이 점점 더 신뢰를 쌓아가고 있다.

예를 들어 위 예시의 ①번, 제목과 부제목의 간격이 매우 좁은 반면 ③번 시각 자료와 설명의 간격은 비교적 넓습니다. 게다가 ①, ②, ③번의 간격이 모두 제각각이라 시각적으로 안정되어 보이지 않죠.

우리는 다른 곳에 비해 서로 가까이 붙어 있는 요소들을 자연스럽게 한 덩어리의 이야기라고 인식합니다. 그보다 조금 더 넓은 간격으로 떨어진 이미지나 다른 텍스트는 별개의 덩어리로 이해하죠. 이러한 점을 활용하여 한 장에서 공통적인 성격을 띄는 영역 간의 간격을 균등하게 나눠 주는 겁니다.

떠오르는 프렌차이즈, 노랑커피의 성공전략
사람이 있는 곳에 늘 있는 커피점, 1매장당 월평균 1천만원 이상의 매출을 일으키는 커피점

◀ 제목 영역

국가별 월평균 매출 및 매장당 평균 매출

◀ 시각 자료 영역

◀ 설명 영역

공통적인 성격을 띠는 영역별로 나누어 한 영역 안의 요소들끼리 가독성을 해치지 않는 범위 내에서 간격을 확보하고 두 영역 간의 간격은 조금 더 넓게, 균등하게 띄우면 자연스럽게 다른 덩어리의 이야기라는 것을 시각적으로 표현할 수 있습니다. 이러한 요소 간의 간격 확보, 그리고 간격이 주는 시각적 의미를 활용하는 데 미숙하다면 아래와 같은 실수를 할 수 있죠.

1번

떠오르는 프렌차이즈, 노랑커피의 성공전략
사람이 있는 곳을 늘 있는 커피점, 1매장당 월평균 1천만원 이상의 매출을 일으키는 커피점

1.개요: 떠오르는 프렌차이즈 노랑커피의 성공 전략의 시사점을 살펴보고 자사 브랜드전략에 반영하고자 함

2.현황: 2018년 11월 사업을 시작한 노랑커피는 불과 2년 만에 전세계 2,000개 이상의 매장을 설립

3.전략: 1) 그 나라의 국민 생활 특징을 철저하게 분석하며 생활패턴에 맞춰 자연스럽게 안착
     2) 주변 상권과 유동인구 분석에 따라 매장별 매출 나눠먹기가 발생하지 않도록 철저한 데이터 기반 매장 수 증가 및 관리

4.매출: 가장 낮게는 인도의 1천만원에서 미국 매장의 경우 매장당 월 평균 1900만원이라는 수치를 보이고 있어 노랑커피의 데이터 전략이 점점 더 신뢰를 쌓아가고 있다.

5. 시사점 : 사람이 있는 곳을 늘 있는 커피점, 1매장당 월평균 1천만원 이상의 매출을 일으키는 커피점이라는 수식어가 불을 정도로 유동인구 데이터 분석을 기반으로 한 매장 증설 관리와 소상공인에게 친화적인 브랜드 전략을 내세워 소비자에게도 사업자에게도 긍정적인 이미지를 심어주었다는 것이 주요 원인으로 판단됨

장을 구성하는 요소는 제목 영역과 본문 영역 두 가지입니다. 1번의 경우 같은 영역 내 간격이 좁아 가독성을 떨어지고, 영역 간 간격은 너무 넓어 어색해 보이는 문서가 되었습니다.

2번

떠오르는 프랜차이즈, 노랑커피의 성공전략

사람이 있는 곳을 늘 있는 커피점, 1매장당 월평균 1천만원 이상의 매출을 일으키는 커피점

1. 개요 : 떠오르는 프랜차이즈 노랑커피의 성공 전략의 시사점을 살펴보고 자사 브랜드전략에 반영하고자 함

2. 현황 : 2018년 11월 사업을 시작한 노랑커피는 불과 2년 만에 전세계 2,000개 이상의 매장을 설립

3. 전략 : 1) 그 나라의 국민 생활 특징을 철저하게 분석하며 생활패턴에 맞춰 자연스럽게 안착
　　　　 2) 주변 상권과 유동인구 분석에 따라 매장별 매출 나눠먹기가 발생하지 않도록 철저한 데이터 기반 매장 수 증가 및 관리

4. 매출 : 가장 낮게는 인도의 1천만원에서 미국 매장의 경우 매장당 월 평균 1900만원이라는 수치를 보이고 있어 노랑커피의 데이터 전략이 첨점 더 신뢰를 쌓아가고 있다.

5. 시사점 : 사람이 있는 곳을 늘 있는 커피점, 1매장당 월평균 1천만원 이상의 매출을 일으키는 커피점이라는 수식어가 붙을 정도로 유동인구 데이터 분석을 기반으로 한 매장 증설 관리와 소상공인에게 친화적인 브랜드 전략을 내세워 소비자에게도 사업자에게도 긍정적인 이미지를 심어주었다는 것이 주요 원인으로 판단됨

반대로 2번은 요소 사이의 간격을 균등하게 배치하는 데만 힘을 쏟아 어떤 내용이 한 덩어리인지 알아볼 수 없는 문서가 되고 말았죠.

간격이 주는 시각적인 안정감은 매우 중요합니다. 다음 3번과 같이 요소 주변에 적절한 간격이 있으면 내용을 알아보기 쉬워지고, 영역 사이에 적절한 간격이 있으면 각각의 영역이 한 덩어리의 내용으로 분리되어 인식됩니다.

3번

마지막으로 텍스트의 행간과 자간을 살펴볼게요. 문서는 텍스트로 커뮤니케이션 하는 것이기 때문에 텍스트의 가독성이 중요할 수밖에 없습니다. 텍스트가 알아보기 쉬우려면 글줄과 글줄 사이(행간)에 적당한 공간이 있어야 하고, 글자와 글자 사이(자간)도 너무 벌어지거나 너무 좁아 붙어 보이면 안 됩니다.

정말 많은 분들이 내용을 강조할 때 폰트 크기를 크게 합니다. 하지만 그 전에 반드시 기억해야 것은 글자가 크다고 잘 읽히는 것이 아니라 행간, 자간이 확보되어야 글이 잘 읽힌다는 사실입니다. 폰트 크기가 작더라도 글자 하나하나의 간격이 너무 좁지 않고 글줄의 간격이 적당히 떼어져 있다면 오히려 알아보기 더 쉬워집니다.

폰트 크기 22pt / 행간 1.0 / 자간 빽빽하게	폰트 크기 18pt / 행간 1.5 / 자간 보통
글씨가 크다고 가독성이 확보되는 것이 아니라 행간과 자간의 확보가 중요합니다	글씨가 크다고 가독성이 확보되는 것이 아니라 행간과 자간의 확보가 중요합니다

2. 정렬

　제가 문서 디자인을 할 때 가장 중요하게, 어쩌면 예민할 정도로 확인하는 것이 바로 요소의 정렬입니다. 정렬이 맞지 않으면 장과 장을 넘길 때 시선이 움직이게 되기 때문이죠. 장 안의 정렬 또한 늘 확인에 확인을 거듭합니다. 보는 사람의 시선을 안정감 있게 만들어 주는 요인이기 때문에 가장 중요한 디자인 포인트라고 손꼽을 수 있습니다.

앞의 문서는 왜 깔끔해 보이지 않았을까요? 여러 가지 이유가 있지만 그중에서도 요소 간의 정렬을 큰 이유로 꼽을 수 있습니다. 문서의 제목인 '떠오르는 프렌차이즈, 노랑커피의 성공전략' 왼쪽의 ①번 선을 아래로 그어 본다면 바로 아래 핵심 메시지인 '사람이 있는 곳에 늘 있는 커피점~'과 왼쪽 정렬이 맞지 않죠. '사람이 있는 곳에 늘 있는 커피점~'을 읽으려면 시선이 한 칸 이동해야 합니다. (이제는 제목과 핵심 메시지의 간격이 너무 붙어 있어 가독성을 해치는 것도 보이지 않나요?)

간혹 학생 시절 글쓰기 수업에서 들었을 '들여쓰기'를 실무 문서에 적용해야 하나 싶어 이렇게 들여쓰는 경우가 있습니다. 만약 제목 아래 본문 텍스트가 여러 줄이었다면 한 칸 들여쓰기가 되더라도 본문 텍스트가 정렬되어 있어 일정한 통일감을 가졌겠지만 앞의 예시 문서와 같이 한 줄인 경우 정렬이 어긋나 보이기만 할 뿐입니다. (관공서 등 들여쓰기를 사내 문서 법칙으로 하는 경우에는 당연히 회사의 법칙을 최우선으로 따라 주세요.)

떠오르는 프렌차이즈, 노랑커피의 성공전략

사람이 있는 곳에 늘 있는 커피점, 1매장당 월평균 1천만원 이상의 매출을 일으키는 커피점
중국을 시작으로 한국보다는 글로벌시장에 주력하는 노랑커피는 수식어에서 알 수 있듯이 소상공인에게 친화적인 커피점으로
인구수가 가장 많은 나라부터 공략을 시작해 불과 2년만에 전세계 2,000개 이상의 매장을 가진 거대 프렌차이즈가 되었다

▲ 만약 아래 설명글이 여러 줄이었다면 정렬은 맞지 않더라도 통일감이 있어 어색해 보이지는 않았겠죠?

또 문서 제목에서 ①번 선을 따라 내려왔을 때 '중국을~'로 시작하는 본문 역시 왼쪽 정렬이 어긋나 있습니다. 문서 왼쪽에 배치된 요소의 정

렬이 어디 하나 맞지 않죠.

오른쪽 역시 마찬가지입니다. 그래프의 오른쪽 정렬에 맞춰 ②번 선을 그어 보니 본문 내용이 그 정렬을 넘어서까지 기재되어 있습니다. 이렇게 미세한 어긋남이 시선을 움직이게 하고 왜인지 모를 지저분한 문서로 보이게 합니다.

시각 자료를 연결짓는 ③번과 ④번 선 역시 그래프와 이미지가 위쪽이나 아래쪽 정렬에 맞춰 있지 않으며 가운데 정렬도 아닙니다. 그저 아무데나 배치되어 있죠. 그래프의 경우 배경이 있고 지도는 배경이 없어 더더욱 정렬이 제각각으로 보입니다. 이처럼 요소 간의 정렬이 모두 맞지 않아 이 문서는 시선이 어지러운 문서가 되고 말았습니다.

그렇다고 모든 요소의 정렬을 한쪽으로 맞출 수는 없습니다. 왼쪽에 배치된 요소끼리 최대한 왼쪽 정렬을 맞추고, 가운데와 오른쪽에 맞출 수 있는 요소끼리는 맞춰야 안정적으로 배치된 문서로 보일 수 있습니다. 또 이렇게 맞춰 놓은 정렬이 다음 장에서도 움직이지 않고 유지되어야 장을 넘길 때마다 시선이 움직이는 것을 막을 수 있죠.

3. 통일감

'문서의 통일감을 지켜야 한다'라는 말이 특정한 방법을 일컫지는 않습니다. 하지만 문서 디자인에서 가장 좋지 않은 단어는 '왔다갔다'라는 점을 기억하면 많은 문제점을 찾을 수 있습니다. 폰트의 종류·크기, 이미지·표·도형의 크기나 위치, 보는 사람의 시선 등 문서의 모든 것이

'왔다갔다' 한다는 것은 절대 좋은 현상이 아니에요. 문서의 통일감을 유지하는 요소로는 ① 핵심 메시지의 위치, ② 폰트 크기, ③ 요소의 크기와 모양을 들 수 있습니다.

6장에서도 언급된 것과 같이 여러 장의 문서를 작성할 때 핵심 메시지가 여기저기 흩뿌려져 있다면 보는 사람이 메시지를 찾기 위해 많은 노력과 시간을 쏟아야만 합니다. 문서 디자인에서도 문서를 넘길 때마다 새로운 디자인이나 다양한 레이아웃으로 메시지를 '왔다갔다' 배치하기보다는 핵심 메시지를 한곳에 두어야 빠른 커뮤니케이션이 가능해지죠.

하지만 장마다 다른 디자인을 적용해야 한다고 생각하거나 인터넷에서 다운로드한 슬라이드 디자인 템플릿을 사용하다 보면 이러한 실수를 저지를 수 있습니다.

▲ 장마다 다른 '템플릿'이나 '디자인'이어야 한다고 생각하면 이런 문서가 나오고 맙니다.

이런 디자인 템플릿은 필요한 디자인 슬라이드를 골라 사용할 수 있도록 다양한 옵션을 제공하고 있습니다. 이걸 그대로 가져와서 슬라이드 안에 내용을 채우다 보면 모든 장마다 핵심 메시지의 위치가 '왔다갔다' 움직이게 돼 버리죠.

문서 디자인의 목적은 오로지 빠른 커뮤니케이션이기에 다양한 디자인을 고민할 필요가 없습니다. 장을 넘길 때마다 눈이 즐거운 문서가 아니라 장을 넘기자마자 빠르게 이해가 되는 문서를 만들어야 해요. 순서 단계에서 문서를 한 장씩 넘기며 말을 해 볼 때 내 시선이 일정한 위치에 안정적으로 고정되어 빠르게 핵심 메시지를 볼 수 있는지를 기준으로 문서 디자인도 검토해야 합니다.

오프라인 강의에서 수강생들의 문서 중 가장 많이 볼 수 있는 잘못된 디자인은 폰트 크기가 '왔다갔다' 하는 경우입니다. 제목이니까 매우 크게, 소제목이니 조금 작게, 본문 내용은 더 작게, 하지만 이 내용은 중요하니까 크게 키우는 등 나름의 의도가 있긴 합니다. 하지만 하나만 봤을 때는 충분히 이유가 있었던 폰트 크기가 결국 전체로 보면 '왔다갔다' 하며 정신 없는 문서를 만들게 되죠.

떠오르는 프렌차이즈, 노랑커피의 성공전략

사람이 있는 곳을 늘 있는 커피점, 1매장당 월평균 1천만원 이상의 매출을 일으키는 커피점

1.개요
떠오르는 프렌차이즈 노랑커피의 성공 전략의 시사점을 살펴보고 자사 브랜드전략에 반영하고자 함

2.현황
2018년 11월 사업을 시작한 노랑커피는 불과 2년 만에 전세계 **2,000개 이상의 매장을 설립**

3.전략
1) 그 나라의 **국민 생활 특징을 철저하게 분석**하여 생활패턴에 맞춰 자연스럽게 안착
2) 주변 상권과 유동인구 분석에 따라 매장별 매출 나눠먹기가 발생하지 않도록 **철저한 데이터 기반 매장 수 증가 및 관리**

4.매출
가장 낮게는 인도의 1천만원에서 미국 매장의 경우 매장당 월 평균 1900만원이라는 수치를 보이고 있어
노랑커피의 데이터 전략이 점점 더 신뢰를 쌓아가고 있다.

5. 시사점
사람이 있는 곳을 늘 있는 커피점, 1매장당 월평균 1천만원 이상의 매출을 일으키는 커피점이라는 수식어가 붙을 정도로 유동인구 데이터 분석을 기반으로 한 매장 증설 관리와 소상공인에게 친화적인 브랜드 전략을 내세워 **소비자에게도 사업자에게도 긍정적인 이미지를 심어주었다는 것이** 주요 원인으로 판단됨

폰트 크기를 키우는 것도 분명 내용을 강조하는 방법이지만 문서가 어지러워 보이지 않고 통일감 있게 보이는 것이 더 중요한 디자인 포인트입니다. 강조는 다른 방법으로도 충분히 대체할 수 있습니다. (강조 방법에 대해서는 9장에서 더 배우도록 하겠습니다.)

저는 보통 제목과 본문의 폰트 크기에만 차이를 두는 편입니다. 제목을 제외한 본문의 폰트 크기는 모두 통일하죠. 간혹 '핵심 메시지 → 주요 내용 → 상세 내용'으로 구성된 경우 '대 → 중 → 소' 세 가지 폰트 크기를 적용하기도 하지만 이때도 각각의 영역(핵심 메시지, 주요 내용, 상세 내용) 안에서는 폰트 크기를 '왔다갔다' 하지 않고 반드시 통일합니다. 문서를 좁게만 보고 작성하면 폰트 크기가 '왔다갔다' 하는 결과를 낳을 수 있습니다. 조금 더 넓게 보고 문서 전체의 통일감을 확인해 주세요.

▲ 폰트의 크기를 통일하고, 왼쪽 정렬을 맞춰 주고,
요소 간의 간격을 확보하니 훨씬 더 깔끔한 문서가 되었죠?

마지막으로, 문서에 넣는 요소들의 크기나 모양이 '왔다갔다' 할 경우 정렬을 맞추기 어렵고 통일감 없이 지저분하다고 느끼는 문서가 되고 맙니다. 안정적으로 느껴지는 문서를 만들기 위해서는 가능한 한 범위 내에서 요소의 크기와 모양을 같게 해 주는 것이 좋습니다.

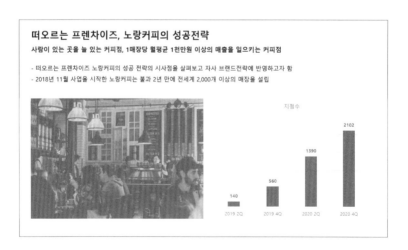

실무에서 문서를 작성하다 보면 도형이나 그래프, 표 등은 비교적 자유롭게 크기를 늘리고 줄일 수 있지만 이미지 자료는 동일한 크기로 만들 수 없는 경우가 있습니다. 이미지 크기와 형태가 제각각이라 도저히 비슷하게 수정할 수 없다면 이미지 요소 뒤에 배경을 깔아서 한 덩어리로 보이게 함으로써 통일감을 줄 수 있습니다.

▲ 요소의 크기나 형태가 제각각이라면

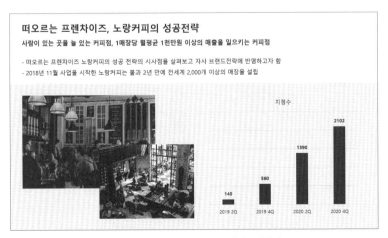

▲ 배경을 두는 것만으로도 정돈되어 보입니다.

그동안 문서 디자인을 어렵게 생각했다면 고정관념을 깨고, 디자인적 요소를 '더'하는 것이 아니라 간격, 정렬, 통일감을 기준으로 '정돈'만 해도 보는 사람의 시선이 혼란스럽지 않고 깔끔한 문서가 된다는 사실을 기억하면 좋겠습니다. 어떤 문서가 잘 만든 문서인지 아닌지 보는 눈이 생기는 것만으로도 매우 값진 문서 작성 스킬이기 때문입니다.

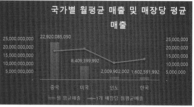

▲ 좋은 문서를 볼 줄 아는 눈을 기르는 것만으로도 아주 값진 문서 작성 스킬이 됩니다.

8장

4가지 파워포인트 기능만 잘 써도 좋은 문서가 된다

이전 장에서는 간격, 정렬, 통일감만 지켜도 충분히 깔끔한 문서가 된다는 것을 말씀드렸습니다. 그렇다면 이번에는 실제로 문서의 간격과 정렬, 통일감을 확보하는 방법을 알아볼 차례입니다. 앞에서 언급한 것처럼 제가 실무에서 사용하는 기능은 여러분도 충분히 알고 있을 파워포인트의 기본 기능들입니다. 파워포인트의 고급 스킬이나 기능을 소개하는 것이 아니라 파워포인트, 키노트, 워드, 엑셀, 심지어 메일까지, 어떤 툴을 사용하더라도 있을 법한 아주 기본적인 기능으로만으로도 충분히 문서를 보기 좋게 다듬을 수 있다는 점을 알려 드리려 합니다.

설명은 파워포인트 화면을 기준으로 하지만 어떤 툴을 사용하더라도 비슷한 기능이 있으므로 충분히 활용할 수 있다는 점을 기억하고 기능보다는 왜 그렇게 해야 하는지에 집중해서 함께 실습해 보겠습니다.

💬 안내선: 가이드라인 만들기

첫 번째로 소개하는 기능은 바로 안내선입니다. 너무 기본 기능이라 실망할 수도 있겠습니다. 학교나 자격증 수업에서 파워포인트를 배울 때 가장 첫 번째로 나오는 것이 안내선이죠. 하지만 정작 실무에서 안내선을 활용하는 사람은 매우 드뭅니다. 시험에 나올 법한 고리타분한 기능이라 생각하기 때문일지도 모르겠습니다. 하지만 안내선은 문서의 간격을 확보하고 정렬을 맞추고 통일감을 확보할 수 있는 가장 편리하고 정확한 기능입니다.

1. 안내선 켜기

안내선은 상단 [보기] 탭의 [안내선] 박스를 체크하여 켜거나 끌 수 있습니다. 처음 안내선을 클릭하면 예시와 같이 십자 모양의 기본 가로선과 기본 세로선 두 줄이 나타납니다.

2. 안내선 추가로 만들기

Windows

① Ctrl 누른 상태 → 안내선 클릭 → 원하는 위치로 드래그(안내선 복사)

② 마우스 오른쪽 버튼 클릭 → [눈금 및 안내선] → [세로/가로 안내선 추가]

macOS

① Option 누른 상태 → 안내선 클릭 → 원하는 위치로 드래그(안내선 복사)

② 마우스 오른쪽 버튼 클릭 → [안내선] → [세로/가로 안내선 추가]

　Windows에서는 Ctrl 을, macOS에서는 Option 을 누른 상태에서 기본 안내선을 클릭하여 원하는 위치로 드래그하면 안내선이 추가로 생성됩니다. 안내선을 삭제하려면 안내선에 대고 마우스 오른쪽 버튼을 클릭하고 [삭제]를 선택합니다.

3. 상하좌우 기본 가이드라인 만들기

세로 안내선 추가 → 좌우 여백 가이드라인 잡기

가로 안내선 추가 → 상하 여백 가이드라인 잡기

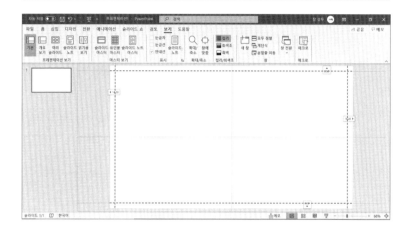

　　문서 간격에 가장 기본이 되는 상하좌우 여백을 확보합니다. 깔끔한 디자인 만들기에 익숙하지 않다면 반드시 문서를 만들기 전에 상하좌우 여백 가이드라인부터 만들고 문서 작업을 시작하길 추천합니다. 상하좌우 여백의 가이드라인을 만든다는 것은 안내선 안쪽에만 문서의 요소를 채우고 이 선 밖으로는 문서의 요소가 넘어가지 않는다는 의미입니다.

　　이때 안내선을 드래그하면 자동으로 여백 값이 보이는데 이 값을 몇으로 잡아야 하느냐는 질문을 많이 받습니다. 정해진 표준 값은 없습니다만 전혀 가늠이 되지 않는 사람들을 위해 '최소한 이 정도의 간격은 꼭 확보되어야 시각적으로 여유가 있다'라고 말씀드릴 수 있는 정도는 상하 8.80, 좌우 16.20입니다. 물론 추천하는 값일 뿐 작성하는 문서마다 다를 수 있습니다.

4. 안내선 활용하기

안내선을 익숙하게 활용하기 시작하면 상하좌우뿐 아니라 요소 간의 간격 또한 안내선을 통해 쉽게 확보할 수 있습니다. 문서가 크고 네모난 종이라 할 때 안내선을 활용해 작은 네모 영역들로 나눌 수 있죠. 이렇게 나눈 영역에 따라 텍스트와 이미지 같은 요소를 배치하면 다음 장의 요소 조합이 바뀐다 하더라도 앞 장과 일정한 위치와 간격을 확보한 안정적인 문서를 만들 수 있습니다.

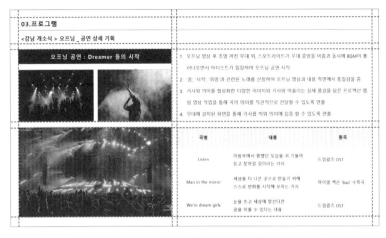

다음 예시를 보면 텍스트와 이미지 대신 표처럼 다른 요소를 넣는 장이 있더라도 같은 안내선에 따라 정렬한다면 보는 사람의 시선이 흔들리지 않고 같은 틀 안에서 움직입니다.

03.프로그램

개소식 참가 인원

NO	회사명	총 참여 인원	대표 참여자	비고
1	A 엔터테인먼트	14	장OO 외 13명	
2	B 페스티벌 기획사	12	주OO 외 11명	홍콩 기획사 참권 인원 포함
3	C 엔터테인먼트	7	심OO 외 6명	
4	주식회사 D	5	정OO 외 4명	
5	E 인베스트먼트	2	정OO 외 1명	임OO 이사님 개별 초대 인원

개소식 참가 인원 답례품

NO	답례품	확보 수량
1	우산	80
2	다이어리	75
3	펜슬	75
4	핸디 선풍기	45

03.프로그램

개소식 참가 인원

NO	회사명	총 참여 인원	대표 참여자	비고
1	A 엔터테인먼트	14	장OO 외 13명	
2	B 페스티벌 기획사	12	주OO 외 11명	홍콩 기획사 참권 인원 포함
3	C 엔터테인먼트	7	심OO 외 6명	
4	주식회사 D	5	정OO 외 4명	
5	E 인베스트먼트	2	정OO 외 1명	임OO 이사님 개별 초대 인원

개소식 참가 인원 답례품

NO	답례품	확보 수량
1	우산	80
2	다이어리	75
3	펜슬	75
4	핸디 선풍기	45

5. 실무 작업 속도 빠르게 하기

앞의 4단계까지만 따라해 보면 문서 첫 장에서 모든 요소 간의 안내선을 추가하느라 시간을 허비하기 쉽습니다. 빠르게 깔끔한 디자인을 만들려고 안내선을 사용하는데 오히려 문서 작업 속도에 발목을 잡게되죠. 그래서 '에잇 불편해' 하고 안내선을 사용하지 않은 채 삐뚤빼뚤한 간격의 문서를 만듭니다.

이런 경우를 방지하고자 제가 실무에서 언제, 어떻게 안내선을 활용하여 작업 속도를 빠르게 하는지 그 순서를 조금 더 자세히 말씀드리겠습니다.

1 상하좌우 여백 가이드라인 잡고 첫 장 내용 작성하기
2 슬라이드 복제
3 다음 내용을 동일한 위치에 채우기
4 구성해야 할 요소가 완전히 달라질 때, 바로 앞 장으로 돌아가 최소한의 안내선 추가하기
5 다음 장의 새로운 요소를 안내선에 맞춰 배치하기

1 빈 문서를 열었을 때 우선 (간격 확보가 익숙하지 않은 분이라면) 안내선으로 상하좌우의 간격을 지정합니다. 그리고 핵심 메시지, 설명, 시각 자료를 가이드라인 안에 채워 나갑니다. 이때 모든 요소의 간격을 안내선으로 그릴 필요는 없습니다. 상하좌우 간격만 잡을 뿐 자유롭게 본문 내용을 채워 나갑니다.

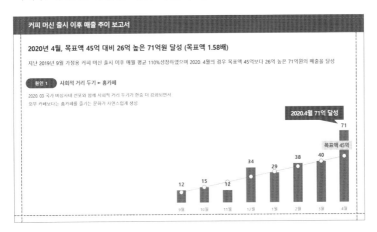

2 첫 장을 완성했다면 왼쪽 슬라이드 리스트의 첫 장 위에 마우스 오른쪽 버튼을 클릭하고 [슬라이드 복제]를 선택합니다.

3 슬라이드가 복제되면 첫 장과 동일한 위치에 핵심 메시지와 설명 문구를 기재합니다.

4 복제한 슬라이드에서 간격과 정렬 가이드라인을 움직이지 않고 문서를 작성하다가 전혀 다른 요소로 문서를 채워야 할 때 바로 앞 장으로 돌아가 안내선을 켜고 요소 간의 간격을 안내선으로 잡아 줍니다. 이때 모든 영역의 간격을 안내선으로 지정할 필요는 없습니다. 필요한 최소한의 안내선, 예를 들어 다음 장의 시각 자료가 앞 장의 구성과 전혀 다르다면 앞 장의 시각 자료와 텍스트의 간격을 안내선으로 표시합니다.

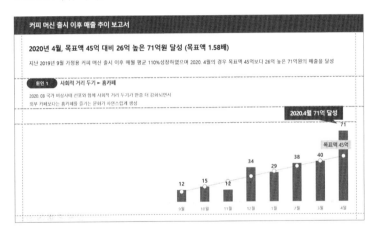

⑤ 뒷장으로 돌아와 앞 장의 시각 자료 위에 새로운 시각 자료를 덮고 뒤에 깔린 시각 자료는 삭제합니다. 앞에서 그린 안내선에 맞춰 새로운 시각 자료를 배치합니다.

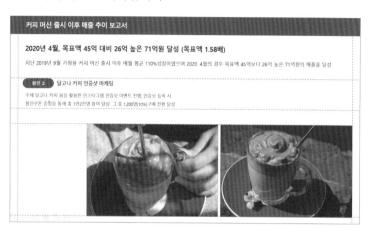

이렇게 안내선을 활용하여 앞 장, 뒷장의 간격을 균일하게 유지해 주면 문서를 구성하는 요소들이 장마다 바뀐다고 하더라도 시선이 어지럽지 않은 문서를 만들 수 있습니다. 또, 처음부터 안내선에 너무 집착하지 않고 문서 작업을 하다 필요한 경우에만 최소한의 안내선을 추가하며 전체적으로 빠르게 문서를 완성할 수 있게 됩니다.

💬 정렬 맞춤: 작업 속도 높이는 1등 공신

다음 장으로 넘어갈 때 보는 사람의 시선이 흔들리지 않도록 하기 위해서는 안내선을 활용합니다. 그렇다면 한 장 안에서 요소 간의 정렬을 맞출 때는 어떤 기능을 사용해야 할까요?

간혹 동료들이 문서 작성하는 모습을 지켜보면, 거북목을 하고 모니터 화면에 가까이 다가가 심혈을 기울이며 부들부들 마우스 커서를 이동하고 있습니다. 요소의 정렬을 맞추기 위해 그럴 필요가 없어요. 문서 작업 시간을 단축해 주는 1등 공신, 정렬 맞춤 기능이 있으니까요.

만약 지금까지 정렬 맞춤 기능을 사용하지 않았다면 정렬이 맞지 않는 지저분한 문서를 만들었거나, 정렬을 맞추려고 심혈을 기울이다 보니 문서 작업 속도가 매우 느려 곤란했을 거예요. 정렬 맞춤 기능이 무엇인지, 어떻게 사용하기에 작업 속도가 그렇게 빨라지는지 함께 보겠습니다.

1. 정렬 맞춤 선택하기

- [홈] 탭 → [정렬] → [맞춤]
- 도형 선택 → [도형 서식] → [맞춤]

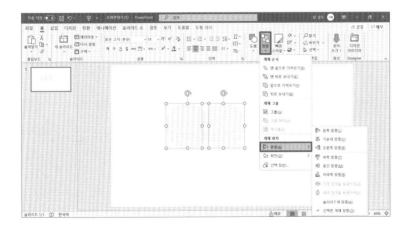

정렬 맞춤 기능은 [홈] 탭, 그리고 도형을 선택할 때 나오는 [도형 서식] 탭에 있습니다. 기능은 동일하기 때문에 편한 위치의 버튼을 사용하면 되겠습니다.

2. 한쪽으로 정렬 맞추기

① 정렬을 맞추고자 하는 요소 여러 개 선택
② [홈] 탭이나 [도형 서식] 탭의 [맞춤]에서 [왼쪽/가운데/오른쪽 맞춤], [위쪽/가운데/아래쪽 맞춤] 선택

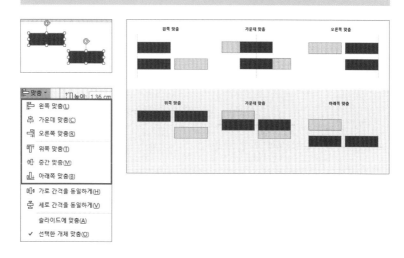

정렬을 맞추고자 하는 요소를 모두 선택한 뒤 왼쪽/가운데/오른쪽 맞춤, 위쪽/가운데/아래쪽 맞춤 중 하나를 선택하면 자동으로 요소의 정렬이 맞춰집니다.

- **왼쪽 맞춤**: 선택한 여러 개의 요소들 중 가장 왼쪽에 있는 요소를 기준으로 정렬

- **가운데 맞춤**: 선택한 여러 개의 요소들을 가운데로 정렬

- **오른쪽 맞춤**: 선택한 여러 개의 요소들 중 가장 오른쪽에 있는 요소를 기준으로 정렬

- **위쪽 맞춤**: 선택한 여러 개의 요소들 중 맨 위에 있는 요소를 기준으로 상단 맞춤

- **가운데 맞춤**: 선택한 여러 개의 요소들을 가운데로 정렬

- **아래쪽 맞춤**: 선택한 여러 개의 요소들 중 맨 아래에 있는 요소를 기준으로 하단 맞춤

3. 세로/가로 간격 동일하게 하기

① 정렬을 맞추고자 하는 요소 3개 이상 선택

② [홈] 탭이나 [도형 서식] 탭의 [맞춤]에서 [가로 간격/세로 간격을 동일하게] 선택

 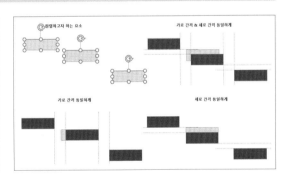

요소 간의 간격을 눈대중으로 보고 하나씩 움직이며 균등하게 맞춰 왔다면 정렬 맞춤 기능을 사용해 보세요. 3개 이상의 요소를 선택했을 때 요소 간의 세로 간격 또는 가로 간격을 자동으로 균등하게 분배해 주는 기능이죠.

장의 요소들을 눈으로, 손으로 일일히 배치하며 시간을 쏟을 필요 없습니다. 오히려 나의 눈과 손을 믿어서는 안 돼요. 미세한 어긋남을 눈치채기 쉽지 않기 때문입니다. 문서에서 일단 간격을 신경 쓰지 않고 텍스트 상자, 도형, 이미지, 표, 그래프 등을 만든 뒤 정렬 맞춤 기능을 활용해 재빠르게 정렬을 맞춰 주면 됩니다.

4. 실무에서 작업 속도 빠르게 하기

실무에서 다음과 같은 문서를 만든다고 해 볼까요. 기존의 여러분이었다면 A~E 도형을 어떻게 배치했을까요? 만약 하나씩 눈으로 보며 손으로 옮겨 간격을 맞췄다면 작업 속도가 매우 느렸겠죠. 하지만 정렬 맞춤 기능을 활용하면 클릭 몇 번으로 단숨에 간격과 정렬을 완벽하게 맞출 수 있습니다.

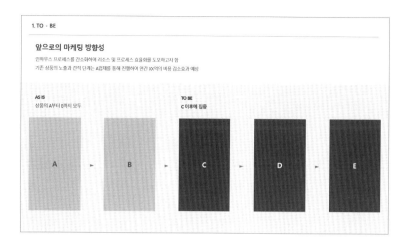

1 우선 도형을 필요한 개수만큼 복사합니다.

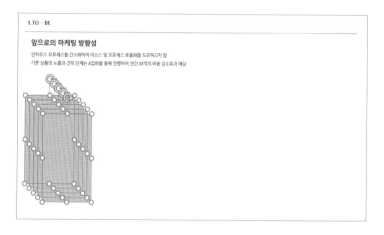

2 왼쪽과 오른쪽 여백 안내선을 기준으로 양 끝에 도형을 하나씩 배치합니다.

3 위쪽 정렬을 맞추기 위해 도형을 모두 선택한 뒤 [맞춤 → 위쪽 맞춤]을 선택합니다.

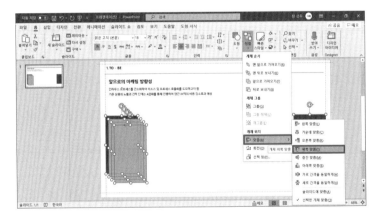

4 위쪽 정렬이 균일하게 맞춰졌습니다.

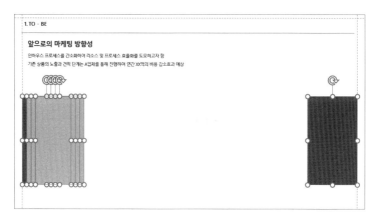

5 균일한 간격으로 배치하기 위해 다시 한번 [맞춤] → [가로 간격을
동일하게]를 선택합니다.

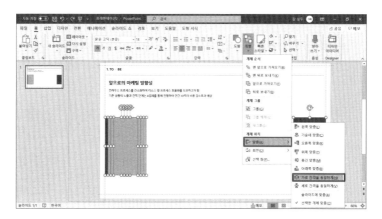

6 단 두 번의 클릭으로 도형을 균등한 간격에 맞춰 한 줄로 정렬했습니다.

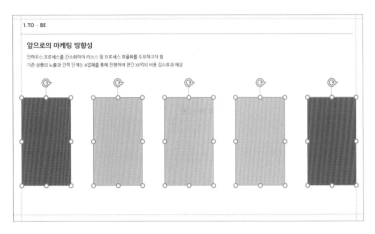

7 중간에 넣는 화살표 역시 동일한 방법으로 사이에 배치합니다.

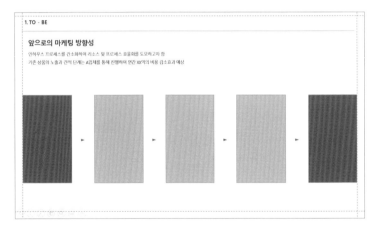

8 도형 위에 내용을 기재하면 빠르고 쉽게 깔끔한 문서를 완성할 수 있습니다.

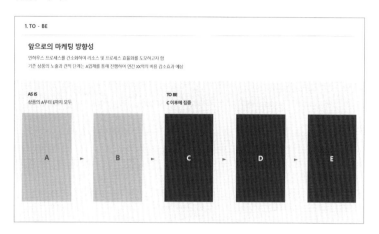

이렇게 안내선과 정렬 맞춤 기능을 활용하는 것만으로도 아주 빠르게 안정감 있는 문서를 만들 수 있습니다. 가장 기본적인 기능이지만 무엇보다 큰 역할을 하는 기능들이죠.

💬 표, 도형 크기 조절: 시각 자료 빠르게 정돈하기

시각 자료로 표와 도형을 넣는 경우가 많습니다. 표와 도형 역시 간격과 정렬, 통일감을 확보할 필요가 있지만 크게 신경 쓰지 않거나 눈대중으로 크기를 조절하는 경우가 대부분입니다. 손쉽게 조절하는 기능을 짧게 소개해 드릴게요.

1. 표의 행 높이나 열 너비를 균등하게 설정하기

① 정렬을 맞출 표의 행/열 또는 표 전체를 선택
② [레이아웃] 탭 → [행 높이를 같게]/[열 너비를 같게]

표에 내용을 넣다 보면 셀 안에 들어가는 내용에 따라 행 높이와 열 너비가 왔다갔다 하는 결과를 낳습니다. 그럴 때 필요한 행 또는 열을 선택하고 [레이아웃] 탭에서 [행 높이를 같게]/[열 너비를 같게]를 클릭하면 선택한 행/열의 간격이 균등하게 나눠집니다.

만약 [행 높이를 같게]/[열 너비를 같게] 왼쪽 칸에 숫자가 없고 빈칸이라면 현재 선택한 행/열의 크기가 제각각이라는 뜻이죠. 반드시 모든 열의 간격을 동일하게 맞출 필요는 없습니다. 제목이 길다면 제목은 길게 두고 나머지 행과 열만 선택해서 동일한 간격으로 맞춰 준다면 훨씬 보기 좋은 표가 됩니다.

지점별 매출	코스메틱	의류	가방	향수
명동점	97,021,567	-	32,440,878	1,946,456
동대문역사공원점 *신규 매장	43,926,709	2,560,242	19,546,340	3,635,738
홍대입구점	65,266,766	-	380,436	7,682,851
노원점	41,568,521	1,059,782	24,775,826	623,603
판교 테크노밸리점	47,227,208	-	6,693,667	2,558,512
강남대로점	57,592,503	-	240,004	11,879,025
연주역점	84,999,993	89,999,995	23,731,420	4,499,614

2. 도형 크기 조절하기

> 도형 선택 → [도형 서식] 탭 → 도형 가로세로 길이 값 조절

　도형을 선택하고 조절점을 마우스로 드래그하면 가로세로 길이가 자유롭게 늘어나고 줄어듭니다. 마우스로 도형을 선택하고 아무리 주의해서 늘리고 줄이며 크기를 맞춰 봐도 동일한 비율이 지켜지지 않고 약간 찌그러진 모양이 될 때가 있죠. 일부러 가로세로 길이를 다르게 하려는 의도가 아니라면 도형 크기를 조절할 때 [도형 서식] 탭의 도형 크기 값을 입력하는 것을 추천합니다. 적절한 크기 값만 입력하면 빠르게 도형 크기를 원하는 대로 키우거나 줄일 수 있죠.

💬 텍스트 행간, 자간: 가독성 확보하기

1. 행간 조절하기

> [홈] 탭 → [줄 간격]

파워포인트를 기준으로 말씀드리면 텍스트 상자를 만들어 글을 쓸 때 행간 [1.0]이 자동으로 설정됩니다. 많은 분들이 수정 없이 그대로 사용합니다만 [1.0]의 행간은 가독성을 확보하기에 좁은 간격입니다. 반드시 행간을 [1.5]로 변경하여 문서를 작성해 주세요. 7장에서 설명한 것처럼 폰트 크기가 큰 것보다는 글줄과 글줄 사이의 적당한 간격이 있어야 글이 더 잘 읽힌다는 점을 기억하면서요.

행간 [1.0]

파워포인트를 기준으로 말씀드리면
텍스트 상자를 만들어 글을 쓸 때 행간 1.0이 자동으로 설정됩니다.

행간 [1.5]

파워포인트를 기준으로 말씀드리면
텍스트 상자를 만들어 글을 쓸 때 행간 1.0이 자동으로 설정됩니다.

---

2. 자간 조절하기

[홈] → [글자 간격]

파워포인트에서 기본 텍스트 상자를 만들어 글을 쓸 경우 자간은 표준으로 자동 설정됩니다. [표준으로] 설정되면 가독성을 확보하기 충

분하기에 더 이상 수정할 필요는 없지요. 하지만 자간에 따라 같은 폰트도 다른 느낌을 줄 수 있다는 것을 소개하려 합니다. 저는 실무에서 급하게 제출이 필요한 문서일 경우 자간 [표준으로]를 그대로 사용하지만, 조금 더 디자인적으로 신경써야 하는 문서에서는 자간을 [기타 간격→좁게→0.2~0.5] 정도로 설정하는 편입니다.

자간 [보통]

파워포인트에서 기본 텍스트 상자를 만들어 글을 쓸 경우 자간을 [표준으로] 자동 설정됩니다.

자간 [기타 간격 > 좁게 > 0.3]

파워포인트에서 기본 텍스트 상자를 만들어 글을 쓸 경우 자간을 [표준으로] 자동 설정됩니다.

같은 폰트지만 약간의 차이가 보이나요? 간혹 오프라인 강의에서 '어떤 폰트를 사용하시나요?'라는 질문을 받았을 때 '맑은 고딕'을 사용한다고 답하면 수강생분이 고개를 갸웃하며 본인도 맑은 고딕으로 문서를 만들지만 왠지 달라 보인다고 말합니다. 눈이 매우 좋은 분이죠. 이렇게 자간만 조정해도 같은 폰트로 다른 느낌을 줄 수 있습니다. 다만 자간을 너무 줄이거나 늘릴 경우 가독성이 떨어질 수 있다는 점을 주의해 주세요.

💬 잘 만든 문서와 잘못된 문서

앞에서 소개한 안내선, 정렬, 표와 도형의 크기 조절, 행간과 자간이라는 4개의 기능은 어느 툴에나 있을 기본 중의 기본 기능이죠. 정말 이 4개의 기능만 알면 될까 의아할 겁니다. 네, 이 기능들만 활용해도 충분합니다. 단지 이 기능들을 활용해 간격, 정렬, 통일감을 지켜 주기만 하면 좋은 문서가 된다는 사실을 몰랐을 뿐이니까요.

이제 그 사실을 알았다면 잘 만든 문서는 왜 잘 만든 것인지, 반대의 경우에는 왜 못 만든 것인지 보는 훈련을 해야겠죠. 이때 잘 만든 문서를 보고 배워 나가는 것도 좋지만, 잘못된 문서를 보고 무엇이 잘못되었는지를 잡아내는 훈련을 하는 것도 좋은 방법입니다.

내가 다음 문서를 실무에서 받았다고 한다면, 무엇 때문에 문서가 깔끔해 보이지 않을까요? 그 이유를 찾아보겠습니다.

문제가 많아 보이죠. 이전 같으면 '왠지 그냥' 깔끔하지 않아 보였던 문서가 이제는 '왜' 깔끔해 보이지 않는지 찾을 수 있을 겁니다. 그렇다면 앞에서 배운 4개의 기본 기능만으로 위 문서를 다듬어 보겠습니다.

1 우선은 안내선으로 최소한의 상하좌우 간격을 표시하고, 안내선을 넘어가지 않도록 요소들을 가이드라인 안으로 이동시키겠습니다.

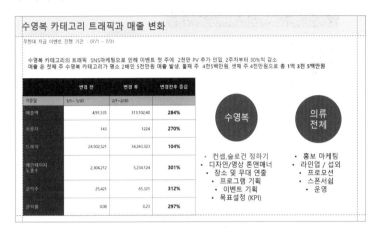

2 텍스트의 정렬을 왼쪽으로 맞춥니다.

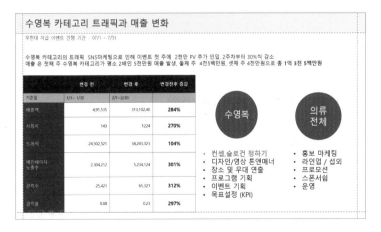

3 표의 행, 열 간격도 제각각이고 도형의 크기나 정렬도 조금씩 다른 느낌입니다. 표와 도형의 크기를 균등하게 맞추고 정렬도 위쪽으로 맞춰 보겠습니다.

4 문서 전반적으로 텍스트의 폰트 크기가 "왔다갔다" 하는 것은 물론이고 행간이 너무 좁아 가독성이 떨어집니다. 제목을 제외한 문서전체 텍스트 크기를 통일하고 적절한 행간(줄 간격)과 자간(글자 간격)을 지정하겠습니다.

수영복 카테고리 트래픽과 매출 변화

무한대 지급 이벤트 진행 기간 : 07/1 ~ 7/31

수영복 카테고리의 트래픽 SNS마케팅으로 인해 이벤트 첫 주에 2천만 PV 추가 인입, 2주차부터 30%씩 감소
매출 은 첫째 주 수영복 카테고리가 평소 2배인 5천만원 매출 발생, 둘째 주 4천5백만원, 셋째 주 4천만원으로 총 1억 3천 5백만원

	변경 전	변경 후	변경전후 증감
기준일	1/1~ 1/30	2/1~2/30	
매출액	4,91,535	313,102,40	284%
사용자	143	1224	270%
트래픽	24,502,521	34,243,323	104%
메인페이지 노출수	2,304,212	5,234,124	301%
클릭수	25,421	65,321	312%
클릭률	0.08	0.23	297%

수영복 / 의류전체

- 컨셉,슬로건 정하기
- 디자인/영상 톤앤매너
- 장소 및 무대 연출
- 프로그램 기획
- 이벤트 기획
- 목표설정 (KPI)

- 홍보 마케팅
- 라인업 / 섭외
- 프로모션
- 스폰서쉽
- 운영

자, 문서가 많이 다듬어졌습니다. 훨씬 보기 좋은 문서가 되었죠. 마지막으로 왼쪽 표와 오른쪽 도형의 통일감을 더 주기 위해 네모 도형을 배경에 넣어 줄까요?

After

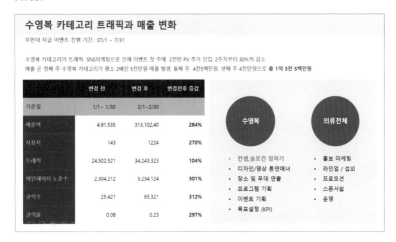

Before

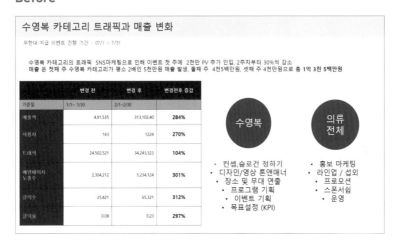

before 문서와 비교해 본다면 차이가 확실히 보일 겁니다. 정말 4가지 기능만 활용하더라도 충분히 깔끔한 문서를 만들 수 있죠. 이 외에도 알고 있는 툴의 기능을 내용에 맞게 적절하게 활용해도 좋습니다. 단, 기능이나 효과의 사용 목적이 문서의 가독성을 높이기 위함이 아니라면 사용하지 않는 것만 못하다는 것을 분명히 이해하고 있다면 말이죠.

9장

색과 강조
하나에도
목적이 있다

💬 색을 사용하는 진짜 방법

색(Color)은 문서를 디자인할 때 가장 보편적으로 사용되는 요소입
니다. 어려울 것 없어 보이지만 사실 문서에 사용되는 색 하나에도 올
바른 사용법이 있습니다. 문서에는 어떤 색을 사용해야 할까요? 그리고
어디에 사용해야 할까요?

문서에 사용될 색을 어떻게 선택해야 할지부터 어렵게 느끼는 분이
많습니다. 문서에 사용되는 색이 너무 많으면 무지개 같이 알록달록한
문서가 되어 버리죠. 문서에 세 가지 이상의 색은 사용하지 말라는 이야
기를 어디선가 들어 봤을 겁니다. 공식적인 법칙은 아니지만 너무 많은
색을 사용하면 현란함에 덮여 문서 내용이 잘 보이지 않을 수 있다는 뜻
으로 이해하면 좋겠습니다. 문서의 색은 다음과 같이 기본색(검은색),
포인트색, 강조색으로 구분해서 선택해 주세요.

기본색
검은색

포인트색
회사, 서비스

강조색
핵심 메시지

텍스트의 기본이 되는 검은색을 선택합니다. (배경이 검은색인 문서
라면 흰색이 되겠습니다.) 그리고 포인트로 사용될 색은 내가 좋아하
는 색 같은 생뚱맞은 색을 선택하기보다 공식적인 사내 문서라는 이미
지를 전달할 수 있도록 회사 혹은 상품이나 서비스와 관련된 색으로 선

정합니다. 그리고 강조색은 문서의 내용 중 핵심 메시지 등을 강조할 때 사용될 눈에 띄는 색을 선정해 주세요. 애매하게 흐리거나 연한 색이 아닌, 아주 눈에 띄는 빨간색 또는 파란색 등으로 말이죠. 다만 이 강조색은 강조할 내용을 확실하게 전달하기 위해 너무 많은 곳에 사용해선 안 됩니다. 결국 기본적으로 문서는 기본색과 포인트색으로 구성되는 것이죠.

만약 색이 더 필요한 경우에는 어떻게 해야 할까요? 그럴 때는 또 다른 색을 추가해 무지개 같은 문서를 만들기보다는 선택한 기본색, 포인트색의 명도(색의 밝기)나 채도(색의 선명함)를 낮추는 것을 추천합니다. 기본색인 검은색보다 연한 진회색, 연회색 그리고 포인트색보다 조금 더 연한 색을 고르는 것이죠.

기본색
검은색

포인트색
회사, 서비스

강조색
핵심 메시지

이렇게 명도나 채도를 낮춘 색을 사용하면 문서에 다양한 변화를 줄 수 있으면서도 알록달록해 보이지 않습니다.

자, 이렇게 색을 선정했다면 더 중요한 것이 있습니다. 과연 이 색들을 문서 어디에 사용해야 올바른가 하는 문제입니다.

문서라는 넓은 듯 좁은 공간 위에 목적이 없는 요소는 단 하나도 없습니다. 색 역시 마찬가지이죠. '도형이 왠지 썰렁해 보여서', '색을 넣어 주면 예쁠 것 같아서'와 같은 이유가 아닌 뚜렷한 커뮤니케이션 목적을 가지고 색을 사용해야 합니다.

색을 사용하는 목적은 ① 내용의 대비를 보여 주고 ② 핵심 메시지를 부각하고 ③ 문서에서 시선의 방향을 구분하는 세 가지가 있습니다.

1. 내용의 강/약, 신/구 대비를 쉽게 보여 주기 위해

색으로 표현할 수 있는 시각적 의미 중 색의 진함과 연함의 대비를 활용하는 방법입니다. 만약 아래와 같은 문서를 본다면 시각 자료에서 연한 회색 도형은 '약한 것/옛 것/중요하지 않은 것'이고 진한 검은색 도형은 '강한 것/새 것/중요한 것'이라는 의미를 쉽게 전달할 수 있죠.

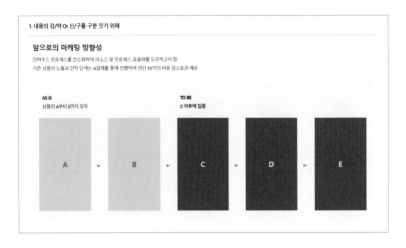

도형뿐 아니라 텍스트에서도 색상의 대비를 활용하면 빠른 커뮤니케

이션을 가능하게 합니다. 다음 표를 보는 사람은 전체 내용을 모두 읽지 않아도 다른 기본색(검은색)보다 연한색(회색)으로 적힌 행의 내용을 중요하지 않거나, 삭제되었다고 쉽게 받아들이게 됩니다.

1. 내용의 강/약 Or 신/구를 구분 짓기 위해

회사명	컨퍼런스명	타겟	시점	컨퍼런스 특징
A사	Next A business	광고주향	전년도 10월	- 주력 타겟을 정해 관련 기술 및 서비스별 세션을 구성하여 리더가 소개 - 광고주 수 증대 및 광고 수익 창출을 목적으로 하나 상생을 강조
B사	BMS (B marketing summit)	광고주향	전년도 9월	- 소비자와 콘텐츠 트렌드를 소개하고 비즈니스를 연결하여 소개 - 컨퍼런스 올 안에서 B사의 비즈니스 도구를 활용해볼 수 있도록 함
	B 2020	개발자향	해당연도 5월	
C사	Future with C level	광고주향	해당연도 3월	- 많은 서비스를 설명하기보다 주력 서비스에 강점 어필 - 마케팅 성공 사례를 광고주가 직접 나와 연설한다는 특징이 있음
D사	World D conference	개발자향	해당연도 3월	
E사	2020 E meet	광고주향	해당연도 2월	- 온라인이 아닌 TV브랜드 광고를 집행해야 하는 이유를 데이터 기반 설득

2. 핵심 메시지에 시선이 가도록

문서에 담긴 많고 많은 자료 안에서 단 한마디의 메시지만 전달해도 성공적인 문서입니다. 하지만 자료의 양이 많아질수록 원하는 곳으로 시선을 이끌기란 여간 쉽지 않은 일이죠. 그럴 때 가장 효과적인 방법이 바로 색입니다. "이 많고 많은 내용 중에서 여기를 보세요."라고 아주 직관적으로 커뮤니케이션 할 수 있게 해 주죠. 반대로 핵심 메시지가 아닌 곳에 색을 사용하면 오히려 보는 이의 시선을 빼앗아 핵심 메시지를 전달하는 데 방해 요소가 되고 맙니다.

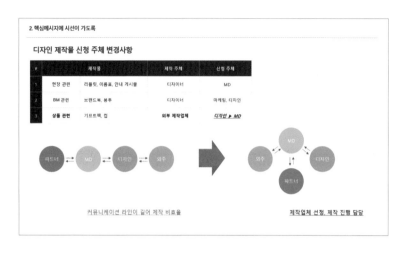

실제 실무에서도 자주 볼 법한 문서입니다. 알록달록 무지개 같은 문서이죠. 이 문서에서 하고 싶은 말이 무엇일까요? "여러분, 파트너는 파란색 같은 사람이고 MD는 노란색 같은 사람입니다."일까요?

아마 만든 이의 의도는 왼쪽 시각 자료와 오른쪽 시각 자료를 매칭해주려 한 것 같습니다. 하지만 왜 매칭해야 할까요? 매칭하는 것이 핵심 메시지일까요? 그렇지 않습니다. 이렇게 핵심 메시지가 아닌 곳에 아무 목적 없이 색을 사용하면 내용을 이해하는 데 방해만 될 뿐이죠. 그렇다면 목적에 맞게 핵심 메시지에 시선이 가게 하려면 어떻게 색을 사용해야 할까요?

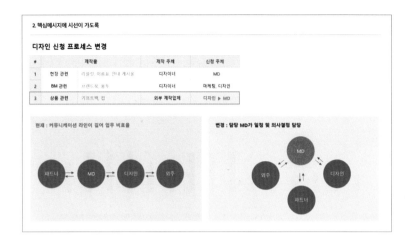

이 문서에서 내가 하고자 하는 말은 "앞으로 상품 관련 외주 디자인 신청은 디자이너가 아닌 MD가 하시는 겁니다. 앞으로 커뮤니케이션 주체가 MD로 바뀌는 겁니다."입니다. 그래서 위에서부터 모든 내용을 읽지 않아도 변경되는 사항에 시선이 가도록 포인트색을 사용해 시선을 끄는 것이죠. 문서를 보는 사람이 빠르게 이해할 수 있도록요.

한 가지 예시를 더 볼까요? 매출 보고서를 올린다고 해 보겠습니다.

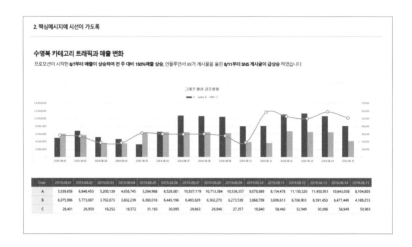

핵심 메시지도 잘 썼고 그래프와 표도 깔끔하게 잘 담은 것 같지만, 실제로 문서를 읽는 사람이라면 그래프에서부터 시선이 마구 흔들리며 어떤 내용을 봐야 할지 헤맸을 겁니다.

만약 문서의 순서를 정하는 단계에서 이 장을 소근소근 읊고 지나간다면 "여기를 보시면 8/7부터 매출이 상승하기 시작했고, 8/11부터도 상승했습니다."라고 말을 하고 넘어갈 장이죠. 하지만 "여기를 보시면"라는 말은 나 혼자 할 뿐, 문서에는 없습니다. 내가 발표를 하며 슬라이드에 손가락으로 가리키지 않는 이상 말입니다. (손으로 가리킨다 하더라도 이미 장을 펼친 순간 보는 사람들의 시선은 크게 흔들렸을 겁니다.) 그렇다면 내가 할 말 '여기를 보시면'의 '여기'를 문서에서는 색으로 표시해 줍니다. 내가 말하려고 하는 핵심 메시지에 단숨에 시선이 갈 수 있도록 말이죠.

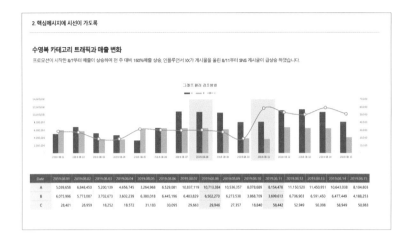

수영복 카테고리 트래픽과 매출 변화

프로모션이 시작된 8/7부터 매출이 상승하여 전 주 대비 150%매출 상승, 인플루언서 XX가 게시물을 올린 8/11부터 SNS 게시글이 급상승 하였습니다.

Date	2019.08.01	2019.08.02	2019.08.03	2019.08.04	2019.08.05	2019.08.06	2019.08.07	2019.08.08	2019.08.09	2019.08.10	2019.08.11	2019.08.12	2019.08.13	2019.08.14	2019.08.15
A	5,039,658	6,848,450	5,200,139	4,656,745	3,264,968	6,529,081	10,837,119	10,713,384	10,536,157	8,078,689	8,154,478	11,150,520	11,450,951	10,643,038	8,104,803
B	6,075,996	5,773,087	3,702,673	3,602,239	6,380,018	6,445,196	6,483,829	6,502,270	6,273,538	3,868,709	3,699,613	6,706,903	6,591,450	6,477,449	4,188,253
C	28,401	26,959	18,252	18,572	31,183	30,095	29,663	29,946	27,357	18,840	58,442	52,949	50,098	58,949	50,983

3. 복잡한 문서에서 자연스럽게 시선을 나누기 위해

또 하나의 색상 사용법이 있습니다. 문서에 넣는 내용이 굉장히 많을 때 문서를 보는 사람의 시선을 자연스럽게 이끄는 방법입니다. 예를 들면 다음과 같은 복잡한 문서에서는 내용을 읽다가 시선이 흔들리며 어디로 가야 할지 방향을 잃을 수 있겠다는 생각이 듭니다.

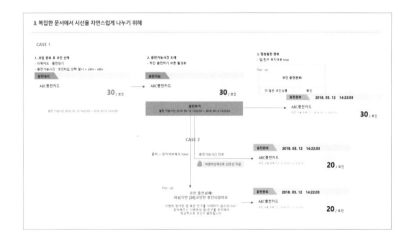

말로 읊어 보면 "CASE1은 이러한 플로우로 진행되고 CASE2는 이러한 플로우로 진행될 예정입니다."라고 말하고 넘길 테지만 문서에서는 과연 보는 사람의 시선이 의도처럼 따라올 수 있을까요?

아래와 같이 배경색을 깔아 장을 나누면 어떨까요?

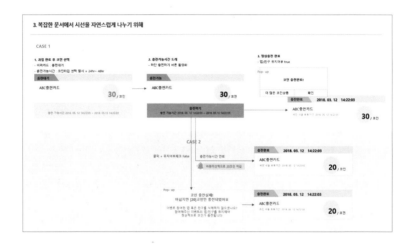

그저 연회색의 사각형 도형을 맨 뒤에 두었을 뿐입니다. 네모난 종이가 자연스럽게 반으로 나뉘면서 위의 내용을 한 덩어리로, 그리고 밑에 내용을 한 덩어리로 자연스럽게 인지할 수 있겠죠. 내 의도대로 보는 사람의 시선을 이끌 수 있을 겁니다.

▲ 텍스트가 많은 문서라도

▲ 색상을 사용하여 영역을 구분할 경우 훨씬 보기 쉬워집니다.

💬 올바른 강조 방법

문서 내용 중 '중요한 것'에 강조를 해야 한다고 생각하나요? 만약 그렇게 생각하고 있다면 지금까지 잘못된 곳을 강조했을 확률이 매우 높습니다. 그렇다면 올바른 강조 방법은 무엇일까요?

문서 내용을 강조하는 수단은 여러 가지가 있습니다. 강조색으로 눈에 띄게 강조할 수도 있고, 텍스트를 굵게(bold) 하거나 밑줄을 칠 수 있습니다. 또, 폰트 크기를 키우는 것 역시 시선이 가도록 강조하는 방법이죠. 하지만 7장에서 언급했던 것과 같이 폰트를 키우는 방법을 너무 많이 사용하다 보면 문서 전체의 폰트 크기가 왔다갔다 하는 실수를 범할 수 있습니다. 폰트 크기를 키워 내용을 강조하는 것보다 문서 전체의 통일감을 지키는 것이 더 중요하다는 점을 꼭 유념해 주세요.

| 강조색 | 굵게/밑줄 | 폰트 크기 변경 |

"문서 내용 중 어디에 강조를 해야 할까요?"라고 질문한다면 모두 당연하다는 얼굴로 '중요한 것'에 강조해야 한다고 답합니다. 하지만 조금 더 정확히 말하자면 '중요한 것'이 아니라 '진짜 바쁘면 이것만 읽어도 되는 것'에 강조를 해야 합니다. 과연 무슨 차이일까요? 다음 예시를 보겠습니다.

예시문서

2020 일본 연수 결과보고서

#개요
연수를 통해 일본 오사카, 교토를 방문하고 지진을 대비한 우수한 **도시정책 운용 실태**를 시찰하여 새로운 정책 아이템을 발굴. 향후 한국 **지진 예방** 방면의 시사점을 모색하기로 함

#기간
2020. 01.01(금) ~ 2020.01.04(수) / 3박4일간

#연수 내용
1. 오사카 정원 방문 등 행정 환경과 지진 대비 우수시책 청취
2. 지역 주민 대상 **교육 방안** 현장 답사

방문일시	방문기관
A	오사카 지진 건축물
B	오사카 지진 대책 친환경 건축물
C	교토 시청

#시행 정책
①시민대상 신속한 전파 체계 개선 ②공공/민간 시설물 내진설계 강화 ③지진 대응체계 강화 및 교육훈련 확대 정책 실행

#시사점
2018.09월부터 분기별 안전점검을 지원과 내진설계 강화 시 인센티브 지원하는 정책으로, 지역 건물 80% 지진 대책 달성
학교, 회사 대상 연 1회 지진 대처 요령 훈련을 의무화한 강경 정책 마련이 눈에 띔

▲ '시행 정책/시사점/80%'

'중요한 것'을 강조해야 한다고 생각하면 흔히 강조하는 대상은 '시행 정책', '시사점' 같은 제목이나 '80%' 같은 수치나 단어들입니다.

하지만 잘 생각해 보세요. 좋은 문서를 만들기 위해서는 상대방이 이해하는 시간을 절약해 줘야 하죠. '시사점'이나 '80%'와 같이 중요한 단어를 크게 혹은 눈에 띄게 강조한다고 해도, 보는 사람 입장에서는 강조된 단어를 이해하려면 앞뒤 내용을 모두 읽어야 할 수밖에 없습니다. 그렇다면 '진짜 바쁘면 이것만 읽으세요'라고 하는 부분에 강조를 해 볼까요?

▲ '우수 도시정책 운용 실태 시찰/한국 지진 예방 방안의 시사점을 모색/분기별 안전점검을 지원
/내진설계 강화 시 인센티브 지원/지역 건물 80% 지진 대책 달성'

'바쁘면 이것만 읽어도 되는 것'만 강조한다면 긴 문서를 읽지 않고도 문서에서 말하고자 하는 바를 대략 이해할 수 있게 됩니다.

'80%'라는 단어의 글자 크기를 키우고 강조색으로 강조를 한들 '80%'라는 수치의 의미를 읽는 사람에게 이해시킬 수 없습니다. '지역 건물 80% 지진 대책 달성'까지 강조를 해야 보는 사람에게 빠르게 내 메시지를 전달할 수 있죠.

그래프의 경우도 마찬가지입니다.

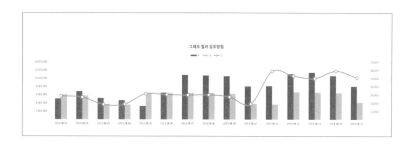

'중요한 것'에 강조를 해야 한다고 생각하면 자칫 그래프의 많은 숫자를 강조할 수 있습니다. 하지만 모든 내용을 습득하게 하기보다는 '정말 바쁘면 여기만 봐도 충분하다'는 곳을 강조색으로 표시해 준다면 문서를 보는 사람과의 커뮤니케이션 시간을 훨씬 단축할 수 있죠.

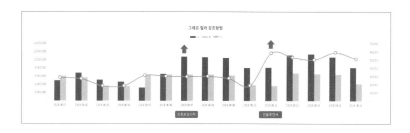

문서 디자인 방법을 다시 정리해 볼게요.

- 문서 디자인은 예쁘거나 화려하기 꾸미는 것이 아니라 오로지 문서의 가독성을 높이기 위한 목적입니다.
- 기본 기능으로 문서의 간격, 정렬을 맞춰 통일감 있게 다듬는 것만으로도 충분합니다.
- 문서의 색은 핵심 메시지를 빠르게 이해시키기 위한 목적 하에 사용합니다.
- '이것만 읽어도 이해가 가는 것'에 강조를 해야 한다는 점을 알고 있다면 매우 가독성 있고 깔끔한 보기 좋은 문서를 만들 수 있게 됩니다.

문서 디자인에서는 센스 있는 디자인이나 툴의 사용법을 많이 아는 것보다 '왜' 디자인을 해야 하는지 그리고 '무엇이' 중요한지를 알아야 합니다. 상대방에게 내 문서를 빠르고 쉽게 인지시킨다는 목적을 달성할 수 있는 효율적인 디자인을 해야 한다는 말이죠.

문서 디자인의 목적을 분명히 알고 충분히 가독성 있는 문서를 만들 수 있는 있게 된 뒤에 더 화려하고 센스 있는 디자인을 하고 싶은 욕심이 생긴다면 그때 파워포인트 슬라이드 디자인 강의를 듣거나 템플릿을 따라 만드는 연습을 하며 문서 디자인 실력을 향상시키는 것은 좋습니다. 하지만 그 전에 기본 기능만으로도 가독성 있는 문서를 만드는 훈련이 충분히 되지 않은 상태라면 불필요한 곳에 노력을 쏟는 일이 될 수 있다는 점을 꼭 기억해 주세요.

⚠ 빠른 커뮤니케이션을 도와주는 디자인 팁: 말하고 싶은 영역 눈에 띄게 강조하기

문서의 시각 자료로 사진 혹은 캡처 화면 등을 흔히 사용합니다. 만약 캡처 화면 전체가 아닌 그 안에서 내가 말하고자 하는 영역만 콕 찍어 표시하려면 어떻게 해야 할까요?

강조하고 싶은 영역에 빨간색 테두리만 쳐도 다른 부분보다 부각할 수 있지만, 캡처 화면의 색이 강해 내가 원하는 영역이 잘 강조되지 않을 때 사용할 수 있는 매우 간단하면서도 효과가 좋은 방법이 있습니다.

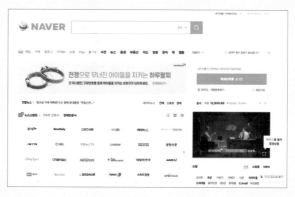

▲ before

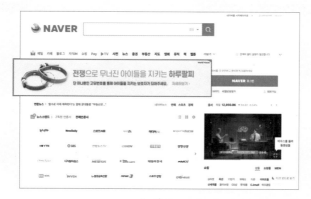

▲ after

1. 캡처 화면을 복사해 두 벌로 만들기

이미지 선택 → **Ctrl** + **C** (복사), **Ctrl** + **V** (붙여넣기)

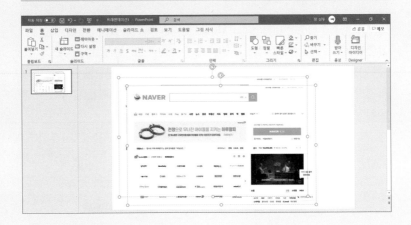

2. 원하는 영역만 남겨 두기

앞 장의 이미지 클릭 → [그림 서식] 탭 → [자르기] → 원하는 영역 지정하고
Enter

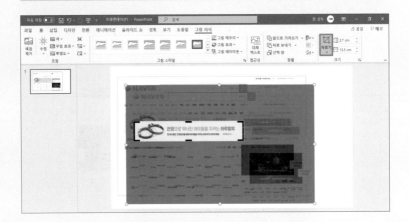

3. 원하는 영역에 눈에 띄는 테두리 표시하기

남은 이미지 클릭 → [그림 서식] 탭 → [그림 테두리] → 눈에 띄는 강조색 선택

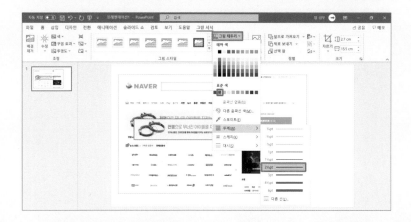

4. 뒷배경이 될 캡처 화면 색 없애기

뒷장 이미지 선택 → [그림 서식] 탭 → [색] → [색 채도 0%] (가장 위, 왼쪽) 선택

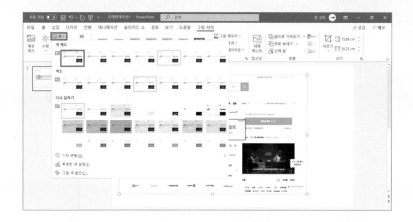

5. 원하는 영역 크기 키우기

앞 이미지를 원래 자리에 올려놓고 Shift 를 누른 상태로 드래그하기

▲ 완성 이미지

10장

실무에
즉시 활용하기

지금까지 보고서 작성 방법과 디자인 방법을 배워 봤습니다. 그렇다면 당장 내일부터 실무에 적용해야 할 텐데요. 책에서 설명한 방법들이 그동안 해 왔던 작성법이 아니기에 실제 회사 업무에 어떻게 적용해야 할지 걱정될 수도 있겠습니다. 그런 분들을 위해 실제 회사에서 주어질 법한 두 가지 미션을 놓고 함께 생각하는 연습을 해 보려고 해요.

회사에서 똑같은 업무를 하지 않더라도 괜찮습니다. 책에서 배웠던 내용을 다시 되새기며 실무에 잘 적용할 수 있도록 머릿속을 정리하는 과정이니까요. 보고서 작성법을 알려 주는 사수가 없어 시작부터 막막하기만 했던 분이라면 이 책을 완독한 후의 문서 작성 실력이 얼마나 바뀌었는지 실감할 수 있을 거예요.

💬 [실무 적용 1] "간략히 공유해 주세요"

나는 운영팀 직원 A

우리 회사 정책은 본래 파트너사 메일 문의가 들어오면 2일 뒤 19:00까지 답변하는 것이 프로세스 규정이었다. 그러나 7월 파트너 CS로 응답 지연 불만 건이 145건이나 들어왔으며 그중 VIP 파트너가 90건으로 계약 해지의 불안 요소가 되어 프로세스를 변경하기로 했다.

앞으로 VIP 파트너 문의와 일반 파트너 문의를 나누어 VIP 파트너가 문의할 경우 문의일로부터 다음날 14:00까지, 일반 파트너 문의는 2일 뒤 19:00까지 답변하는 프로세스로 변경하기로 했다.

팀장님에게서 카톡이 왔습니다.

> 마라님, 8월15일부터 적용하면 좋을 것 같고요
>
> 이렇게 변경할 거라고 본부 내에 1page로 간략히만 공유해 주세요.
>
> 언제 답변 나가는지 알고는 있어야 하니까요.

넵…!

자, 실제 상황에서 나라면 어떻게 처리해야 할까요? 배운 내용을 되새기며 문서를 작성해 보겠습니다. 아래 영역에 자유롭게 생각의 과정을 메모하거나 문서를 그려 보세요.

미션을 받으면 어디서부터 시작해야 할지 막막하기만 했던 기존과는 다르게 쉽게 시작할 수 있었나요? 이번 예시는 아주 간단한 미션입니다. 프로세스 변경 사항을 1page로 작성하여 공유하라는 팀장님의 미션이죠. 자, 그렇다면 어떤 생각의 흐름으로 문서를 작성해야 할지 함께해 보겠습니다.

1. 내가 지금 누구에게, 무슨 말을 전하려고 하는 거지?

미션을 받았다면 가장 먼저 생각해야 할 것, 구성 요소나 제목부터 떠올리는 것이 아니라 '내가 지금 누구에게 무슨 말을 전하려는 것이지?' 부터 생각해야 하죠. 그렇다면 이 상황의 경우 누가 보는 문서일까요? 팀장님의 미션을 토대로 '본부 내 사람들'이 되겠습니다. 그리고 내가 본부 사람들에게 전할 말을 카톡이나 말로 한다고 생각하고 편하게 메시지를 생각해 본다면 어떻게 될까요?

 누구(To)에게 무슨 말(Message)을 전하려고 하는 거지?

안녕하세요~ 파트너 응대 관련 안내 드립니다.

지금까지는 VIP/일반 파트너 모두
2일 뒤 19:00까지 대응했었는데요.

앞으로 VIP 파트너 문의는 1일 뒤 14:00까지,
일반 파트너 문의는 2일 뒤 19:00까지 답변해서

VIP 파트너 케어하려 합니다~

이렇게 프로세스가 변경된다는 것만 알고 계시면 됩니다~

위와 완벽히 동일한 문장이 아니어도 괜찮습니다. 중요한 것은 카톡으로 말했을 때도 매끄러운 '말'이 되도록 정리해 본다는 것이죠.

2. 메시지로부터 문서에 담을 구성 요소는 무엇이지?

문서에서 전할 메시지를 생각했다면 그 메시지로부터 문서의 구성 요소를 선정해 보겠습니다.

 문서에 담을 구성 요소는?

안녕하세요~ 파트너 응대 관련 안내 드립니다.

기존 프로세스 ▶ 지금까지는 VIP/일반 파트너 모두 2일 뒤 19:00까지 대응했었는데요.

변경 프로세스 ▶ 앞으로 VIP 파트너 문의는 1일 뒤 14:00까지, 일반 파트너 문의는 2일 뒤 19:00까지 답변해서

목적 ▶ VIP 파트너 케어하려 합니다~

이렇게 프로세스가 변경된다는 것만 알고 계시면 됩니다~

문서에는 기존 프로세스와 변경 프로세스, 그리고 목적('기대 효과' 혹은 '원인'이라는 제목이 될 수도 있겠습니다), 세 가지를 문서에 담아야겠다고 생각했습니다. 만약 여러 장의 문서를 만든다면 각각의 구성 요소별 1장씩 작성할 수도 있겠으나 팀장님의 미션대로 이 세 가지 구성 요소를 포함하는 1page로 작성해야 합니다.

3. 내가 전하려고 하는 딱 한마디, 핵심 메시지가 뭐지?

　내가 본부 내 사람들에게 전하려는 말, "이렇게 프로세스가 변경된다는 것만 알고 계시면 됩니다~"라는 메시지가 전달될 수 있도록 변경 프로세스를 핵심 메시지로 적어 주겠습니다.

 본부 사람들에게 전하려는 핵심 메시지는?

8/15부터 VIP 문의는 1일 뒤 14:00까지, 일반 파트너 문의는 2일 뒤 19:00까지 답변하는 프로세스로 변경됩니다~!

파트너사 대응 프로세스 변경 안내
8월 15일(월)이후 VIP파트너 문의 +1일 14:00까지, 일반 파트너 문의 +2일 19:00까지 응답 프로세스 적용

4. 왜? 어떻게? 누군가 궁금해 할 때 답할 수 있는 설명/근거는?

핵심 메시지인 변경 프로세스에 대해 누군가 "왜?"와 같은 질문을 한 다면 이렇게 답할 수 있겠죠?

 왜? 어떻게? 라고 궁금해 할 때 설명할 수 있는 내용은?

왜냐면, 기존에는 VIP/일반 파트너 둘 다 2일 뒤 19:00까지 대응했었는데

7월 파트너사 응답 지연 불만 145건 중 90건이 VIP 파트너였거든요. 계약 해지될까봐 걱정되서 그래요!

파트너사 대응 프로세스 변경 안내

8월 15일(월)이후 VIP파트너 문의 +1일 14:00까지, 일반 파트너 문의 +2일 19:00까지 응답 프로세스 적용

- 기존 프로세스 : VIP/일반 파트너 문의 모두 +2일 19:00까지 응답
- 7월 파트너 응답 지연 불만 건 총 145건. 그 중 VIP파트너가 90건으로 VIP케어를 위함

이렇게 1page 내에 세 가지 구성 요소인 '변경 프로세스', '기존 프로 세스', '목적'이 모두 담긴 문서가 되었습니다.

5. 말로 해 보았을 때 매끄러운 순서가 되는가?

구성 요소를 담았다면 말로 해 보았을 때도 매끄러운 순서가 되는지 소근소근 읊어 봅니다.

 말로 해 봤을 때 매끄러운 순서가 되는가?

8월 15일부터 VIP는 이렇게, 일반은 이렇게 응답할 거예요.

왜냐면 기존 프로세스에서는 이렇게 응답했는데 VIP 파트너들 불만이 많이 인입되었거든요~

말이나 톡으로 전한다고 해도 이상할 게 없는 매끄러운 순서지요. 여러분이 생각했던 순서와 똑같지 않을 수도 있습니다. 그렇다고 해서 틀린 순서가 아닙니다. 같은 일을 설명할 때 모든 사람이 말하는 순서가 다르듯이 말이죠.

이번 달 VIP 응답 지연 불만 건이 이만큼이나 들어와서요~

기존 프로세스를 이렇게 변경하고자 합니다.

위 순서로 말을 했더라도 말이 매끄럽죠. 그렇다면 충분히 좋은 순서로 구성한 것이니 자신감을 가지고 그대로 구성하면 됩니다. 다만, 결론적으로 할 말인 '변경 프로세스'가 가장 잘 보이게끔 해 주면 되는 것이죠.

6. 상대방 입장에서 이해하는 데까지 걸리는 단계가 짧은 문장인가?

텍스트를 쓸 때 반드시 검토해야 할 포인트가 있습니다. 상대방이 이해하는 단계가 짧은 커뮤니케이션인가를 생각해야 하죠. 상대방이 내문장을 단숨에 이해하지 못하고 여러 자료를 비교해서 이해해야 한다면 결코 좋은 커뮤니케이션(= 문서)이 될 수 없습니다.

 단숨에 이해하기 위한 직관적인 커뮤니케이션인가?

OK. 검토!

파트너사 대응 프로세스 변경 안내

8월 15일(월)이후 VIP파트너 문의 +1일 14:00까지, 일반 파트너 문의 +2일 19:00까지 응답 프로세스 적용

8월 15일(월)이후 VIP파트너 문의 +1일 14:00까지 우선 응답 적용 (일반 파트너는 기존 동일 : +2일 19:00까지)

- ~~기존 프로세스 : VIP/일반 파트너 문의 모두 +2일 19:00까지 응답~~
- 7월 파트너 응답 지연 불만 건 총 145건, 그 중 VIP파트너가 90건(62%)으로 VIP케어를 위함

우리는 본부 내 사람들에게 'VIP 파트너는' 빨리/우선/먼저 응답할 것이다'라고 전달하는 것만으로도 충분합니다. 정확히 며칠 몇 시까지 응답할 예정인지는 알려 주긴 하되 외우게 할 필요는 없죠. 그렇다면 시간을 나열하고 끝나기보다 'VIP 파트너 우선 응답'이라는 말을 씀으로써

'아, VIP 파트너를 먼저 답하는구나'라는 것을 단숨에 인지시켜 줍니다.

그리고 일반 파트너의 경우에도 시간만 나열한다면 아래에 적힌 기존 프로세스와 시선을 왔다갔다 비교하며 변경 사항이 없음을 이해해야 하는 불편이 있습니다. 단숨에 이해할 수 있도록 '일반 파트너는 기존 동일'이라는 말을 사용하면 기존 프로세스와 비교해 볼 필요 없이 단숨에 '아, 일반 파트너는 변경 사항이 없구나'라고 빠르게 인지할 수 있죠.

추가로, 본부 내 사람들의 입장을 생각해 보면 그들은 기존 응답 프로세스가 언제까지였는지 모를 것 같습니다. 그렇다면 '일반 파트너는 기존 동일: +2일 19:00'라고 적어, 보는 사람으로 하여금 ① 일반 파트너는 기존 프로세스와 변함이 없고 ② 기존 프로세스는 '+2일 19:00까지'였다는 것을 동시에 빠르게 인지할 수 있게 합니다. 이렇게 적었다면 아래 기존 프로세스를 나열한 문구도 중복된 내용이기 때문에 삭제할 수 있죠.

또, 불만 지연 건의 숫자 역시 145건 중 90건이 얼마만큼의 양인지 계산할 필요 없이 '과반수가 넘는 많은 수구나!'를 즉각 알 수 있도록 '62%'라는 비율을 함께 적어 줍니다.

7. 빠른 이해를 돕기 위해 핵심 메시지를 시각화한다면?

간단한 미션 상황이기에 이렇게 핵심 메시지와 설명만 적어도 충분히 납득이 가는 1page 문서가 될 수 있습니다. 하지만 핵심 메시지를 더욱 더 빠르게 인지할 수 있도록 시각 자료를 더해 보겠습니다. 시각 자료는 핵심 메시지의 주요 키워드를 뽑자면 다음과 같습니다.

빠른 이해를 돕기 위해 메시지의 포인트를 시각화한다면?

나눠서/VIP는 빨리/일반은 기존 동일

핵심 메시지에 담긴 큰 변화는 ① 기존에는 나눠지지 않았던 VIP 파트너와 일반 파트너를 앞으로 #나누어 응대한다는 것, ② VIP 파트너는 빠르게 #우선응답하며, ③ 일반 파트너는 변경 사항 없이 #동일하다는 것입니다.

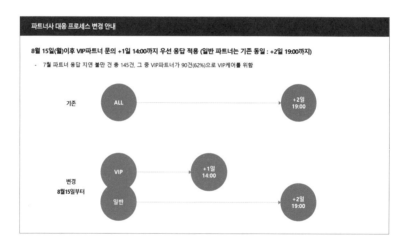

그렇다면 주요 키워드를 그대로 시각화하여 ① 기존 구분이 없었던 모든 파트너를 VIP 파트너, 일반 파트너로 나누고, ② 기존 프로세스와 일반 파트너의 프로세스는 동일하다는 것을 시각적으로 보여 줍니다. 그리고 ③ VIP 파트너는 그보다 일찍, 빠르게, 당겨진다는 것을 시각화해 주었습니다.

8. 색과 강조 표현으로 핵심 메시지를 강조해 볼까요?

이렇게 모든 문서 작성이 끝났다면 핵심 메시지를 더 빠르게 인지할 수 있도록 강조를 해 주겠습니다.

 색과 Bold로 핵심 메시지를 강조해 봅니다.

OK

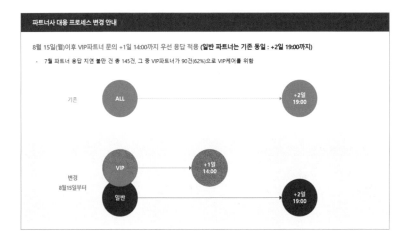

① 기존과 변함 없는 일반 파트너는 기본색인 검은색으로 칠하고, ② 기존 프로세스는 그보다 옅은 회색으로 표현해 '이전의 것, 중요하지 않은 것'이라는 시각적 의미를 주었습니다. 그리고 ③ 가장 중요한 핵심 메시지인 VIP 파트너를 빠르게 응답할 예정이라는 텍스트와 시각 자료에 같은 강조색을 사용해 강조했습니다.

만약 파워포인트가 아닌 워드나 메일로 작성한다고 해도 생각의 흐름은 동일합니다. 누구에게, 무슨 메시지를 전할지 생각하고 구성 요소를 생각한 뒤, 매끄러운 순서로 읽히는지를 검토하고, 상대방의 이해의 단계가 짧은 커뮤니케이션을 사용해, 결론적으로 할 말이 가장 눈에 띌 수 있도록 표현해 주는 것이죠.

전보다 수월하게 문서를 작성할 수 있었나요? 아직은 몇 가지 포인트를 놓치거나 빠뜨렸을 수도 있겠습니다. 마지막으로 한 번 더 실제 업무라고 생각하고 함께 연습해 보겠습니다.

💬 [실무 적용 2] "정리해서 보고해 주세요"

나는 커머스전략팀 직원 B

현재 우리 서비스의 사용자의 결제 및 배송 프로세스는 ① [결제완료] → ② [배송준비중] → ③ [배송중] → ④ [배송완료] 4단계로 나뉘고 사용자는 [배송준비중]이 뜨기 전까지 취소가 가능하다.

[배송준비중]은 물류창고에서 상품을 출고한 뒤 운송장을 시스템 등록하는 순간 변경되는데, 상품 출고 후 운송장을 시스템 등록하는 틈에 사용자가 취소하는 경우 취소 여부가 누락되고 오배송되어 월 평균 300만 원의 비용 손실이 발생되고 있다.

문제 해결을 위해 [배송준비중] 전에 [상품준비중] 단계를 추가하여 물류창고 담당자가 주문 확인 시 [상품준비중] 상태로 변경한 뒤 배송 진행하며 사용자는 [상품준비중]이 뜨기 전까지만 취소가 가능하도록 시스템과 정책 변경을 하려 한다.

변경 사항을 적용하기 위해서는 개발팀의 개발 작업, 운영팀의 물류창고 담당자 교육, CS팀의 사용자 공지 작업이 필요하다. 늦어도 4월 1일부터는 적용하고자 한다.

이번에도 역시 팀장님에게서 업무 지시 카톡을 받았습니다.

 마라님 4월 1일 전에 반영하려면 일정이 빠듯하네요.

내용 정리해서 필요한 부서에게 요구사항 전달해 주세요.

넵…!

이번 미션은 어떻게 해야 할까요? 이번에는 반드시 1page일 필요는 없습니다. 여러 장의 문서를 작성해야 한다고 할 때, 아래 영역에 차근차근 생각의 과정을 메모하여 대략적인 문서를 그려 보세요.

✎ Memo

다소 난도가 높은 미션이었습니다. 여러 번 천천히 읽으면서, 어쩌면 메모해 가면서 이해를 하셨을지 모르겠습니다. 여러분이 이해가 어려웠다는 건 문서를 보는 사람들도 단숨에 이해하기 어렵다는 뜻이기에 누가 봐도 쉽게 이해될 수 있는 문서를 만들어야 하죠. 자, 그렇다면 이번 문서도 차근차근 함께 고민해 볼까요?

1. 내가 지금 누구에게, 무슨 말을 전하려고 하는 거지?

이번에도 동일합니다. 어떤 문서이던 상관없이 가장 먼저 해야 할 고민인 상대방(To)과 메시지(Message)를 고민해야 하죠. 이번 미션에서 내가 문서를 통해 말해야 할 사람은 개발팀, 운영팀, CS팀입니다. 그리고 그들에게 무슨 말을 하고 싶어서 이 문서를 적는 걸까요?

 누구(To)에게 무슨 말(Message)를 전하려고 하는 거지?

안녕하세요. 커머스전략팀 B입니다.

현재 배송 프로세스에 틈이 있어 월 평균 300만 원의 손해가 발생되고 있는데요.

프로세스와 정책을 변경해 그 틈을 메우려고 합니다.

관련하여 필요한 절차가 있는데

4/1까지 반영되도록 도와주실 수 있을까요?

비슷한 메시지를 생각했나요? 결국 세 팀에 전하고 싶은 메시지는 현재 발생되는 문제를 개선할 수 있도록 각 팀에서 관련 업무를 해 달라는 요청이죠.

2. 메시지로부터 문서에 담을 구성 요소는 무엇이지?

이 문서의 표지 제목은 아마 '오배송으로 인한 손실 대응 제안서' 혹은 '배송 프로세스 개선안' 정도가 될 것 같습니다. 하지만 어떤 표지 제목이든 구성 요소에 영향을 미치지 않죠. '제안서' 혹은 '개선안'과 같은 제목에 현혹되어 구성 요소를 생각하지 말고 내가 하고자 하는 메시지를 말할 수 있도록 구성 요소를 뽑아 내립니다.

 문서에 담을 구성 요소는?

안녕하세요. 커머스전략팀 B입니다.

문제 상황 ▶ 현재 배송 프로세스에 틈이 있어 월 평균 300만 원의 손해가 발생되고 있는데요.

개선 방안 ▶ 프로세스와 정책을 변경해 그 틈을 메우려고 합니다.

요구사항 ▶ 관련하여 필요한 절차가 있는데

일정 ▶ 4/1까지 반영되도록 도와주실 수 있을까요?

메시지로부터 ① 문제 상황 ② 개선 방안 ③ 요구사항 ④ 일정이 큰 구성 요소로 들어가야겠다고 생각했습니다. 이번에는 간단한 1page 문서가 아닌 여러 장의 문서이기 때문에 각각 구성 요소별로 한 장에 담으려고 합니다. 그 전에 각각의 핵심 메시지와 설명, 시각 자료를 생각해 봅니다.

3. 구성 요소별 핵심 메시지, 설명/근거, 시각 자료는?

❶ 문제 상황

핵심 메시지	상품 출고한 뒤 운송장 등록 처리하는 사이 사용자 취소로 오배송 발생(월 평균 300만 원 손실)
설명/근거	물류창고에서 상품을 출고한 뒤 운송장을 시스템 등록하는 틈에 사용자가 취소할 경우 취소 사실을 인지하지 못한 채 오배송 처리 = 월 평균 300만 원의 비용 손실 및 업무 비효율 발생
시각 자료	기존 프로세스/기존 사용자 취소 시점

❷ 개선 방안

핵심 메시지	배송 단계를 추가하고 사용자는 취소 가능 시점을 변경하여 오배송 발생 원인을 제거하고자 함
설명/근거	ⓐ 물류창고 주문 확인 시점의 배송 단계를 추가 ⓑ 사용자는 [상품준비중] 이전까지 취소 가능하도록 정책/시스템 변경
시각 자료	변경 프로세스/변경 사용자 취소 시점

❸ 요구사항

핵심 메시지	정책/프로세스 개선안 도입을 위해 각 팀별 요구사항이 있음
설명/근거	개발팀: 사용자 페이지 [상품준비중] 배송 단계 추가 및 물류창고 POS API 연동 운영팀: 물류창고 상품 출고 시 단말 POS 출고 완료 버튼 클릭 프로세스 현장 교육 CS팀: 사용자 공지
시각 자료	예시 화면 or 아이콘 등

❹ 일정

핵심 메시지	희망 적용일 4/1
설명/근거	개발팀: 3월 둘째 주까지 완료 운영팀: 3월 셋째 주까지 완료 CS팀: 3월 넷째 주까지 완료
시각 자료	캘린더

이렇게 구성 요소별 핵심 메시지, 설명/근거, 시각 자료를 생각하는 것만으로도 문서가 머릿속에 그려지는 듯하지 않나요?

4. 말로 해 보았을 때 매끄러운 순서가 되는가?

자, 그럼 올바른 순서로 잘 구성이 되었는지 검토할 겸 핵심 메시지만 소리내어 말해 보겠습니다.

 말로 해 봤을 때 매끄러운 순서가 되는가?

현재 프로세스에서 상품 출고한 뒤 운송장 등록 처리하는 사이에 사용자 취소가 발생해서 월 평균 300만 원의 손실이 일어나고 있어.

그래서 배송 단계를 추가하고 사용자는 취소 가능 시점을 변경해서 원인을 제거하려고.

그렇게 하기 위해서 각 팀별 요구사항이 있는데 희망 적용일 4/1까지 해 줄 수 있을까?

카톡으로 보냈다고 하더라도 매끄러운 순서가 되는 것 같습니다. 그렇다면 한 장씩 문서에 옮겨 담아 보겠습니다.

① 기존 프로세스: 기존 프로세스의 핵심 메시지, 설명/근거를 적고 시각 자료를 활용해 글로만 봐서는 이해하기 어려웠던 기존 프로세스와 오배송이 발생하는 '틈'이 어디인지를 표시해 주었습니다. 그리고는 슬라이드를 그대로 복제해서 두 번째 장에 내용만 갈아 끼웁니다.

② 변경 프로세스: 변경 프로세스의 핵심 메시지, 설명/근거로 내용을 갈아끼우고 시각 자료 또한 변경된 내용, [상품준비중]이라는 배송 단계를 추가한다는 것과 사용자 취소 시점이 앞당겨진다는 내용을 표시했습니다.

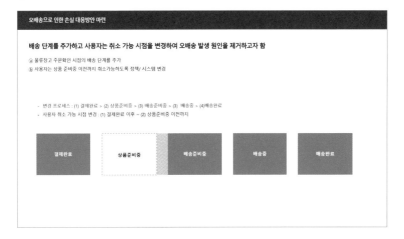

③ 요구사항과 ④ 일정의 내용은 함께 전달해 주는 편이 매끄러울 것 같아 한 장에 합쳤습니다. (= "개발팀 여러분, 3월 둘째 주까지 이 작업을 해 줄 수 있을까요?")

오배송으로 인한 손실 대응방안 마련

대응안 적용을 위한 요청사항 : 희망 적용일 4/1

@개발팀 - 사용자페이지 '상품준비중' 배송 단계 추가 및 물류창고 POS API연동 (3월 2째주 까지 완료)
@운영팀 - 물류창고 상품 출고 시 단말 POS 출고 완료 버튼 클릭 프로세스 현장교육 (3월 3째주까지 완료)
@CS팀 - 사용자 공지 (3월 4째주까지 완료)

이렇게 문서에 모두 담았다면 다시 한번, 첫 장으로 돌아가 소근소근 모든 내용을 간단히 읊으며 넘어갑니다. 이때 말의 순서가 어색하거나, 문서에는 적혀 있지만 말을 안 하고 넘어가게 되거나, 문서에는 없지만 내 입으로는 말하게 된다면 반드시 수정에 수정을 거쳐 매끄러운 말이 되도록 만들어 줍니다. 내 말의 순서와 시선이 동시에 갈 수 있도록 구성했는지도 함께 보면서요.

5. 상대방 입장에서 이해하는 데까지 걸리는 단계가 짧은 문장인가?

주의 깊게 검토해야 할 것이 또 하나 있죠. 상대방이 내용을 이해하는 단계가 짧아질 수 있는 곳이 없는지 끊임없이 고민해야 합니다. 상대방이 이곳저곳을 비교하며 이해해야 하진 않는지, 여러 차례 생각을 거쳐야 이해할 수 있지 않을지를 살핍니다.

 단숨에 이해하기 위한 직관적인 커뮤니케이션?

OK. 검토!

기존 프로세스와 변경 프로세스를 보는 사람이 가장 혼란스러울 법한 포인트는 배송 프로세스가 어떻게 변경되는지와 사용자 취소 시점이 언제에서 언제로 당겨진다는 것인지, 그리고 오배송이 발생되는 틈이 어디인지일 겁니다.

'기존 프로세스 / 변경 프로세스'라고 기재하기보다 '4단계의 기존 배송 프로세스 / 5단계의 변경 배송 프로세스'라고 기재한다면 배송 단계가 1단계 추가되었음을 쉽게 이해할 수 있겠죠. 또 사용자 취소 시점 역시 프로세스와 비교해 가며 보지 않도록 시각 자료에 배송 프로세스와 함께 표현해 줍니다.

❶ 기존 프로세스

❷ 변경 프로세스

　추가로 ② 변경 프로세스의 장표에서는 변경될 사항 ⓐ, ⓑ를 시각 자료에도 표현해, 보는 사람이 설명/근거와 시각 자료를 비교하며 어떤 부분이 추가되고 변경되는 것인지 찾아 헤매지 않도록 보완합니다. 또,

사용자 취소 가능 시점 역시 앞 장과 비교해 볼 필요 없도록 변경 전/후를 표시했죠.

❸ 요구사항/일정

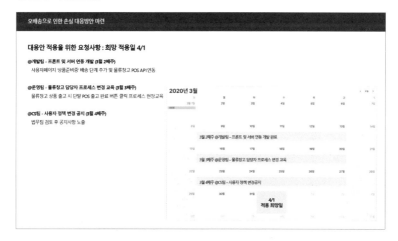

모두에게 요구사항을 읽게 할 필요는 없겠죠. 각 팀이 필요한 내용만 볼 수 있도록 개발팀 / 운영팀 / CS팀을 강조해 주었습니다. 또, 요구사항을 상세히 나열하기보단 축약하여 '개발팀 / 프론트 및 서버 연동 개발이 필요 / 3월 둘째 주까지'라는 말만 전해도 충분하겠습니다.

어떤 연동 개발을 해 달라고 하는 것인지는 궁금하면 아랫부분을 읽으면 되죠. 이런 식으로 상대방이 직관적인 이해를 할 수 있도록 문서를 보완했다면 또 다시 첫 장으로 돌아갑니다.

6. 색과 강조 표현으로 핵심 메시지를 강조해 볼까요?

모든 문서 작성이 끝났다면 핵심 메시지를 더 빠르게 인지할 수 있도록 강조를 해 주겠습니다.

 색과 Bold로 핵심 메시지를 강조해 봅니다.

OK

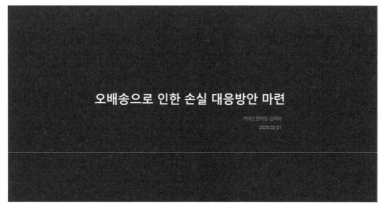

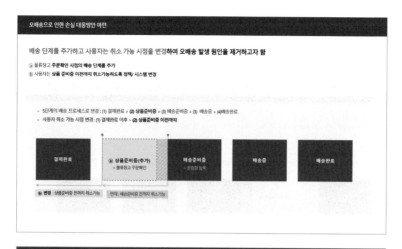

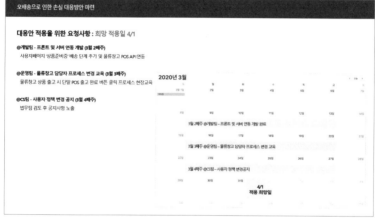

자, 이렇게 문서가 완성되었습니다. 책에서 설명했던 문서 작성법과 디자인 방법 그대로 실제 업무에 적용하면 이렇게 스스로 문서를 기획하고, 목적에 맞게 작성할 수 있습니다.

미션에 따라 문서가 더 길어진다고 해도 문서를 작성하고 디자인하는 방법은 동일하죠. 반대로 1page 문서로 만든다고 해도 말입니다.

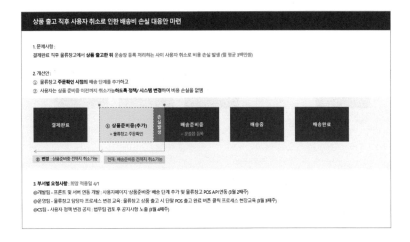

총 정리를 해 보겠습니다.

문서의 작성을 시작하려면 반드시 듣는 사람(To)에게 내가 전할 메시지(Message)를 먼저 생각하고

메시지로부터 구성 요소를 정하여 핵심 메시지, 설명/근거, 시각 자료를 문서에 담습니다.

그러고는 첫 장으로 돌아가 장을 넘기면서 혼잣말로 소근소근 내용을 훑으며 말을 해 보면서

말이 꼬인다면 순서를 다듬거나, 말이 어색하다면 자료를 더 채우거나 빼기도 하고, 말이 너무 길어진다 할 때는 그 앞에 목차를 넣고, 같은 키워드를 반복해서 말하게 되면 소제목을 붙여 주기도 하며

빠르게 읽히는 한 장, 한 장을 위해 상대방의 이해의 단계가 짧은 커뮤니케이션으로, 내 말과 문서가 읽히는 시선이 같이 갈 수 있는지를 검토합니다.

이 작업을 끊임없이 반복하여 문서의 첫 장부터 끝 장까지 말이 매끄럽게 들리고 내가 결론적으로 하려고 했던 메시지가 잘 전달된다면

가독성을 위한 문서 디자인을 시작합니다.

기본 기능으로 문서의 간격을 두고, 정렬을 맞춰 통일감 있게 다듬고

직관적으로 이해시키기 위한 목적 하에 색을 사용하고

'이것만 읽어도 이해가 가는 것'에 강조한다면

누가 봐도 가독성 있고 깔끔한 보기 좋은 문서를 만들 수 있게 됩니다.

지금까지 제 실무 노하우를 하나도 빼지 않고 담았습니다. 하지만 이 또한 문서를 만들기 위한 정답이나 꼭 지켜야 할 법칙이라고 생각하기보다는 그동안 문서를 어렵게 생각했던 생각들, 뿌리 깊었던 고정관념을 바꿀 수 있는 계기가 되었으면 합니다. 문서는 글이라 생각해서 제안서, 기획서, 보고서 등 각각의 양식이 있을 것이라는 생각이나 문서 디자인을 위해 뭔가 대단한 스킬이 필요할거라고 생각했던 것들 말이죠.

어쩌면 '별거 없구나! 카톡이나 말처럼 그냥 쓰면 되는 거구나! 대단한 디자인 스킬도 필요 없었구나! 괜히 막막해 했네!' 하고 책 내용이 쉽게 들렸을 수도 있겠습니다. (그랬으면 하는 바램입니다) 그동안 깊숙이 자리잡았던 그 생각만 바꿔도 전혀 다른 문서 스타일을 만들게 될 테고 본인만의 노하우가 점점 쌓여갈 겁니다.

일잘러들의
공통점

늘 직장인 4년, 5년차에 머물 것만 같았는데 벌써 10년차가 되었습니다. 앞으로 11년차, 15년차, 20년차… 더욱 무서운 숫자가 붙겠죠. 직장에서는 연차 앞의 숫자가 높아질수록 '응당' 할 줄 알아야 하는 것이 점점 많아집니다. 좋은 보고서 작성은 그 '응당' 할 줄 알아야 하는 것의 기본이며 매년 더 나은 '일잘러'가 되어야만 하죠.

직장 생활을 하다 보면 동료들과의 대화 속에서 "누구는 일을 잘해", "누구는 일을 못해서 답답해"라는 말을 쉽게 듣고, 쉽게 하게 됩니다. 일을 잘한다는 건 '무엇을' 잘한다는 걸까요?

요즘 시대의 직장인에게 '일'이라는 단어는 참 추상적입니다. 낚시꾼이 낚은 물고기의 크기나 무게를 재는 일처럼 간단한 기준이 아니죠. 모두가 공감하는 일을 잘한다는 사람은 어떻게 일하는 걸까요?

1. 일잘러는 본인이 맡은 일이 어디에 쓰일지, 목적이 무엇인지 분명히 알고 있어요

> 팀장님! 말씀하신 매출 데이터 보고드립니다.
>
> 네? 합계요…? 그건 안 구해 봤는데… 잠시만요.

상사의 지시를 곧이 곧대로만 보고하다 미움을 사는 경우가 허다합니다. 억울하다고 생각하겠지만 상사의 지시 사항을 '알아서 잘' 이해해서 결과물을 만들어 가지고 오는 게 우리들의 어려운 과업이죠. '알아서 잘' 만들어 오려면 일을 시작하기 전에 이 일이 어디에 쓰일지, 무슨 목적인지 반드시 알고 있어야 합니다. 상사가 말해 주지 않았다면 되물어서라도, 혹은 눈치로라도 쓰임새를 생각한 뒤 시작해야 해요. 그래야 목적에 맞게 필요한 내용을 추가하거나 빼 미션을 '알아서 잘' 수행해 낼 수 있습니다.

이 책은 단순히 보고서 작성법이나 파워포인트 사용법을 기술하는 것에 그치지 않고 문서 하나하나 목적과 역할을 알고 시작해야 한다는 점을 알려 주고자 했습니다. 일의 목적을 놓치고 있었다면 앞으로 더 나은 일잘러가 되기 위해 문서뿐만 아니라 내가 맡은 모든 일의 사용처, 목적을 분명히 알고 시작해야 합니다.

> 팀장님, 상반기 보고 자료에 덧붙이신다고 해서 월별 합계도 뒷장에 추가해 두었습니다.

2. 상대방과 내가 같은 이해를 할 수 있도록 직관적으로 말합니다

 그럼 이것으로 회의를 마치겠습니다.
오늘 논의된 대로 팔로우업 부탁드릴게요.

네, 그럼 저희 기획팀은 디자인팀에서
시안 전달주시는대로 시작하겠습니다.

 네?? 기획팀에서 먼저 상위 기획안을 주시는 거 아닌가요?

네?? 아까 디자인팀에서 선행해서 시안을 그려보신다고;;;

직장인이 가장 많이 쓰는 단어 중 하나가 '커뮤니케이션 오류'일 겁니다. 컴퓨터도 아닌데 자꾸 오류가 납니다. 같은 문장을 서로 다르게 이해했지만 같이 고개를 끄덕이죠. 그러고는 자리로 돌아가 열심히 각자의 우물을 파다가 뒤늦게 잘못되었다는 것을 알아차리고 회의록을 뒤져 누구의 귀책인지 찾아내려 애씁니다. 서로의 머릿속에 각기 다른 전제를 그린 상태에서 직관적이지 않고 애매모호한 커뮤니케이션을 사용하면 흔히 발생하는 일이죠. 동료가 나와 같은 배경지식과 이해도를 가졌다고 생각했다간 업무는 다이내믹한 방향으로 흘러가게 됩니다.

대부분 문서를 어렵게 생각하지만, 이 방면에서 문서는 그 어떤 툴보다도 직관적인 커뮤니케이션을 할 수 있는 도구입니다. 메시지에 여러 장의 긴 설명을 붙일 수도 있고, 시각 자료를 넣어 각자 머릿속에 같은 그림을 그리게 할 수도 있고, 중요한 내용을 강조해서 더 빠르게 커뮤니케이션 할 수도 있죠. 직장에서 문서 잘 쓰는 능력이 경쟁력이 되는 이유는 상대방에게 직관적으로 커뮤니케이션을 할 줄 안다는 이야기이기 때문일 겁니다. 내 문서 하나로 모두가 같은 이해를 하게 만든다면 '그 사람과 일할 때는 늘 척척 진행되네'라는 평가를 받을 수 있죠.

3. 같이 일하는 사람의 시간을 절약해 줍니다

이 책에서 수도 없이 말했던 이야기죠. 모두가 알다시피 직장에서의 하루는 정말 바쁩니다. 봐야 할 메일도 많고 보내야 할 메일도 많고, 참석할 회의도 많은데다 작성할 문서도 많습니다. 이렇게 숨가쁘게 돌아가는 와중에 나의 시간을 절약해 주는 사람을 우린 '일 잘하는 사람'이라고 생각하게 됩니다.

> 안녕하세요, XX팀 XX입니다.
> 어제 팀장 회의에서 발의된 사내 프로모션 건을 1/21 월요일부터 진행하고자 합니다. 관련하여 상세 내용은 메일 스레드 참고 부탁드립니다.
> 그럼 지원 가능 여부 회신 부탁드립니다.
> 감사합니다.

익숙한 업무 메일이라고 생각할 수 있지만 메일을 받은 사람은 메일로부터 즉각 알 수 있는 정보가 하나도 없습니다. 어제 팀장 회의에서 발의된 사내 프로모션은 무엇이며, 스레드엔 무슨 내용이 있으며, 무엇을 지원해야 할까요? 회사에서 늘 모니터, 키보드, 마우스와 일하는 것 같지만 사실 모니터 건너편에는 늘 상대방이 있다는 걸 잊어서는 안 됩니다. 상대방이 필요한 것이 무엇인가, 상대방이 궁금해 할 만한 내용이 무엇인가를 계속 고민하고 가독성 있게 전달해서 상대방이 빠르게 일할 수 있도록 도와줘야 하죠. 문서 작성과 디자인을 할 때 그토록 상대방의 시간을 절약해 주고자 노력해야 하는 이유입니다. 상대방의 시간을 절약해서 빠르게 원하는 것을 전달해 내면 그만큼 빠른 피드백으로 돌아오고 자신의 업무도 빠르게 끝낼 수 있게 되죠.

결국 일을 잘하는 사람들의 공통점은 커뮤니케이션 할 상대방을 미리 생각하고 배려한다는 것입니다. 메일을 보낼 때 내 할 말만 빠르게 전하고 싶다가도 '분명 여기까지만 말하면 상대방이 다시 질문할 수도 있겠는데…' 라는 생각이 든다면 그 내용을 미리 채워서 보내는 것처럼 말이죠. 지금까지 말했던 모든 문서 작성법과 디자인 방법 역시 그 중심은 상대방이었습니다. 상대방에게 빠른 커뮤니케이션을 하기 위한, 상대방이 내 메시지를 직관적으로 캐치할 수 있도록 하기 위한 노력이었죠. 이 핵심만 이해한다면 문서뿐 아니라 회사의 어떤 커뮤니케이션에서도 조금씩 더 나은 '일잘러'가 되어 갈 수 있을 겁니다.

이 책을 읽은 모든 분들에게 더 나은 회사 생활이 펼쳐지길 진심으로 기원합니다.